天下文化
BELIEVE IN READING

【總統大選年緊急重印二〇〇七年寫的書】

「VICTORY」是台灣選民唯一的選擇
——獻給新總統的政策藍圖

高希均

（一）新總統的「百日新政」

新總統帶來新希望。二〇〇七年的書討論了一個國家遠離「失敗」、走向「勝利」的七個大方向：

(1)「願景」不再模糊。
(2)「誠信」不打折扣。
(3)「承諾」不可落空。
(4)「人才」不能折損。
(5)「開放」不能猶豫。
(6)「和解」不再僵持。
(7)「年輕一代」不再迷惘。

新總統必須要劍及履及拿出政策，拿出方法，拿出財力，拿出鐵腕，展開「百日新政」。

建構「VICTORY」新策略

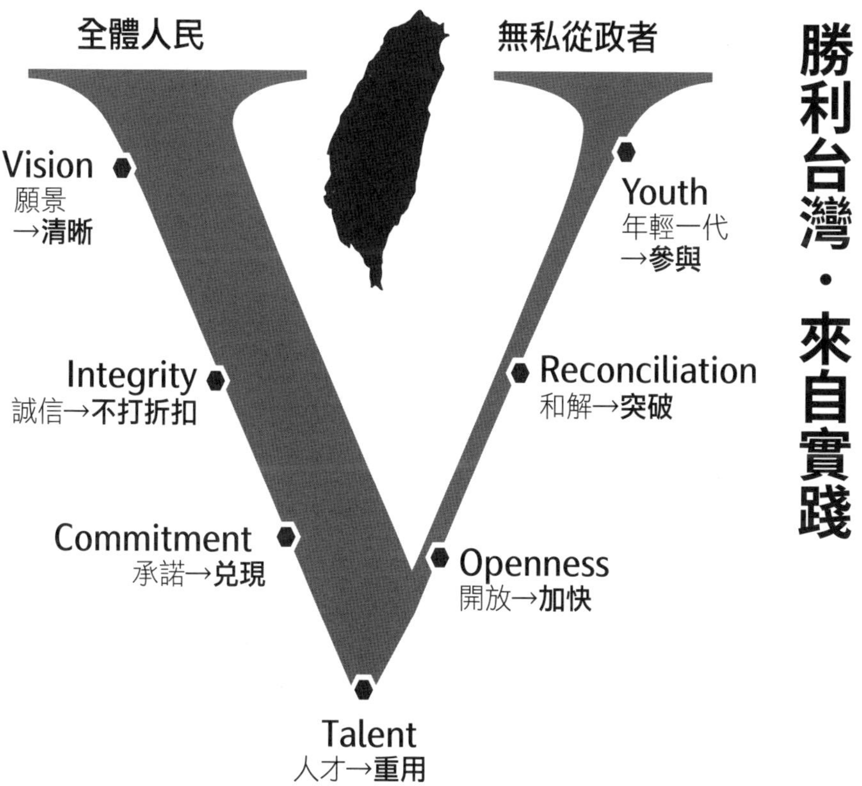

（二）中國人的百年滄桑

二十世紀元年（一九〇〇年），對中國與台灣的兩地人民是同樣的殘酷。八國聯軍攻侵北平，日本帝國主義統治台灣進入第五年。滿清的腐敗使四億多人民受盡羞辱與痛苦。

歷史的教訓是：一個無能的王朝就會帶來漫天烽火，國破家亡。百年戰亂、百年蛻變、百年新局。

二十一世紀元年（二〇〇〇年）中國大陸與台灣同時出現了前所未有的遠景。中國大陸的經濟以百分之十的成長率在全球競爭中崛起；台灣在寧靜的革命中，國民黨政權和平地移轉給民進黨，陳水扁當選為總統。

台灣歷史性的機遇是：當反對黨在民主化浪潮中，變成了執政黨，正可以一鼓作氣攀登民主、法治、全球化、族群融合、兩岸開放的高峰。如果這樣，陳總統就變成了中華民族民主史上的英雄，民進黨就變成了不可取代的政黨。

出人意外地，接任以來陳總統選擇了另一條路——鋪天蓋地的選舉操作，只在延續權力的掌控。二任的政績竟是如此地令人失望。政策空轉產生了兩個重大影響：台灣在全球化中，愈來愈失去競爭力；台灣在被邊緣化中，愈來愈孤立。

（三）二本書：「反冷漠」與「八個觀念」

面對這樣的大變局，二〇〇三年我發表了《反冷漠的知識人》一書。其中討論到：對陳總統施政不能冷漠，對李前總統的負面示範不能冷漠，對兩岸僵局不能冷漠，對知識經濟的興起不能冷漠。

書中有一段話是這樣寫的：

我不得不把大家熟知的「權力與腐敗」的因果關係，改寫成：貪婪使人墮落；絕對的貪婪，使人絕對的墮落！

如果「貧」是二十世紀的「病」，「貪」就是二十世紀之「痛」。此刻，祇有選民及時在貪婪的大逆流中，採取對策。唯有行動，才有結果。

台灣的政局與經濟情勢持續混沌。在二〇〇四年八月再發表了《八個觀念改善台灣》，書中提出八個觀念：

(1)大格局思維。
(2)「台灣優勢」比「台灣優先」重要。
(3)不獨不統下的兩岸雙贏。
(4)提倡有靈魂的知識經濟。
(5)開放社會與國家競爭力。
(6)人的品質與優質生活。
(7)人文情懷。

(8)學習型台灣。

「自序」中寫著：

我當然記得美國威爾遜總統的話：「若要樹敵，就試圖推動改變。」不追求名位，不爭取選票的知識份子，如果怕得罪人，怕樹敵，都不敢提倡改變、改善、改革，那麼這個社會注定了持續的沉淪與墮落！台灣還存一線生機，因為知識份子還沒有完全放棄。

（四）七個元素組成「V」型選擇

到了台灣二〇〇七年，情勢更為嚴峻，因此再做一次嘗試，書名是《我們的V型選擇》。那年是總統大選年：馬英九與謝長廷角逐大位。看到書中的論述，二位都共同推薦那本書。

書中指出，當前的台灣有兩個：一個在邊緣化中被孤立的台灣，一個是急待奮起的台灣。造成邊緣化台灣的元素是——國內有內耗性議題一個接一個地操弄；財經、民主、環保、教育等重大政策一個又一個地空轉；兩岸關係一件又一件地僵持；廉能政治一次又一次地落空；國外有全球化的風起雲湧，與中國大陸經濟快速崛起，二者都對台灣在世界舞台上的地位造成衝擊。內外形勢的惡化，造成了人民、企業、外商束手無策。

急待奮起的台灣，祇剩下一個選擇，要以最短的時間、最快的速度、最大的包容、最廣的視野，追求「勝利」——VICTORY。「勝利」由七個元素組成（以七個英文字代表）：

(1) 願景（Vision）
(2) 誠信（Integrity）
(3) 承諾（Commitment）

(4) 人才（Talent）
(5) 開放（Openness）
(6) 和解（Reconciliation）
(7) 年輕一代（Youth）

把七個英文字的第一個字母聯結，就是VICTORY，就是二〇〇七年書中提倡的「V」型選擇，也常見到以二個手指的手勢表示；更在二次大戰中，英國首相邱吉爾在德軍猛烈轟炸倫敦的危險時刻，表達「終必戰勝納粹」的招牌宣示。

當社會陷入谷底時，翻升的力量不會從天而降。流血的革命已不再是選項。

在脆弱的民主社會，就要看民意的走向與選擇。我們創辦天下文化與遠見四十年來，深切體會到台灣多數選民的主流可以歸納在：開放、文明、進步、和平、學習五大觀念或五大課題之中。

（五）等待新總統的出現

民主社會選民永遠被政治人物的花言巧語所操弄。當這些支票一再落空時，只能怪自己太天真。選民的記憶是健忘的，在下一次選票中，又常投給了最會開空頭支票的人。

民主社會中的公民，必須認清：少寄望於政府的空話，多寄望於自己的努力。

上述七個「元素」是政府奮進的策略；「勝利」則是全民的共同驕傲。全體人民，如果拋棄意識型態，凝聚共識，一步一腳印，共同努力二十年，在二〇四〇年代，世界上或將有可能看到一個「勝利台灣」的燦爛。果真如此，就會同時擁有六項願景的「極大化」：

(1) 教育普及：個人聰敏、才智，機會就可極大化。
(2) 經濟成長：個人獨立、自主，夢想就可極大化。
(3) 人民福祉：個人尊嚴、安全，幸福就可極大化。
(4) 全民分享：個人捨得、美德，慷慨就可極大化。
(5) 和平雙贏：兩岸一家親、一家情，互信就可極大化。
(6) 文明提升：社會進步、永續發展，國民驕傲就可極大化。

改善「V型」選擇的七個因素，是台灣奮進的策略，「勝利」則是全民共同的驕傲。

二〇二四年一月十三日選了一位清廉的、能做事的、兩岸交流的總統，台灣終於能夠勇敢地啟程出發。

（六）餘話

自己八十多年的歲月中，超過一半的時間在美國，近三十年在台灣，十三年在大陸的江南。

此刻在台北，不要把美國視為最可靠的友邦；更不要把大陸看成不能和平相處的敵人。那麼台灣的活路、出路及生路到底在哪裡？

我的答覆有四：

(1) 靠擴大兩岸商機及其他交流來減少危機。
(2) 靠全球化來對付被邊緣化。
(3) 靠兩岸共同市場替代台海戰場。
(4) 靠凝聚全民共識來改善內部及兩岸，替代對立意識。

如果真做到這些選擇，「另一個台灣充滿生命力是可能的」。

敬以本書

獻 給——

台灣的選民

——你們會做出勝利的選擇

社會人文 GB254

另一個台灣是可能的

Make It Happen

我們的V型選擇

高希均 著

目錄

我們的V型選擇

第一部　V型選擇的架構

我們的希望　3

第二部　七個選擇

選擇一　願景（Vision）　39

選擇二　誠信（Integrity）75

選擇三　承諾（Commitment）107

選擇四 人才（Talent） 135

選擇五 開放（Openness） 173

選擇六　兩岸和解（Reconciliation）205

選擇七　年輕一代（Youth）233

序文　一位現代經濟學者的理性與感性

于宗先

在我交往的朋友中，最會運用中文抒發情感、表達思想的，首推高希均教授。他舉筆爲文時，總會引人入勝；在演講時，更是鏗鏘有力，風趣橫生。有人說，近代思想家梁啓超的筆鋒常帶感情，易滲入人的肺腑，而我認爲現代的經濟學者高希均筆鋒不僅常帶感情，而且也富理性。本來，經濟術語是無感情而重理性的，但高教授卻賦予它趣味，容易引起讀者的共鳴。

最近，高教授告訴我，他要出一本書，能不能爲他寫個序，我不但立即答應，而且希望早日讀到他的書稿，以饗一讀爲快的享受。試看看高教授新著的書名：「我們的V型選擇——另一個台灣是可能的」，就會使人泛起不同的想像。他所指的是希望，而非絕望。爲此，他提出許多選擇的空間，但非提供一道牆將希望堵在死巷。

大體上，這本書分幾個面向：首先他提出V型選擇的架構，然後提出七個選擇，首先的選擇是台灣的願景，在其餘六個選擇中，主要是對從政者與企業家的評價與期許。對人才的選擇，他列出八位當代人物作參考。然後是對兩岸關係的看法及做法。同時，對年輕一代，他也提出他的期許。

高教授首先列出掌握大中華經濟的二十個大趨勢，並指出今後我們應理解的、應追求的、應掌握的，以及應努力的地方，讀過之後，使人有暮鼓晨鐘之感受。他說台灣可以變成禮義之邦、快樂之島及幸福之地。這些「可能」的願景是否能實現？完全在於我們能否痛改前非、奮發圖強，使其成爲努力的目標。他認爲台灣缺少的不是人才，而是人品，而且相信有才幹與品德的君子，才能改變這個世界。他再三提醒當政者，決策錯誤比貪污更可怕。當政者有責任去清除社會上被充斥的四大污染：即凌駕法律的特權、官商勾結產生的財勢、污染環境的公害，以及撕裂族群的意識型態。

今天台灣的困局主要出在政治層面：諸如政治掛帥、政策空轉、政風敗壞，以致政不通、人不和。他認爲政府的責任：創造有競爭力的投資環境，有優勢的工作環境，有特色的教育環境，有品質的文化環境，有品味的旅遊環境，以及能永續發展的環境。

對於企業，高教授更是語重心長地提示：經濟的天空有不測的風雲，全球化下的企業有旦夕禍福。由於全球化浪潮帶來的是競爭，唯具競爭力的企業，才有生存與發展的餘地，然而高教授再三勉勵企業要重視「藍海策略」，跳脫傳統的「赤色血腥」競爭，激勵企業去追求一個完全嶄新的想像空間與發展方向。所謂「另闢蹊徑」也就是藍海策略的具體策略。高教授非常強調企業倫理，即事業雄心要建立在企業良心上，而企業的社會責任更是念念不忘的。他讚賞美國比爾．蓋茲和華倫．巴菲特捐出大量的所得去造福社會。為了宣揚企業家的社會責任，高教授所主辦的《遠見》雜誌社就設立了企業社會責任獎，表揚台灣社會上具社會責任的企業家，而且也發現了台灣確有不少具社會責任的企業家，因未被表揚，多默默無聞。像三年前，為盡社會責任，鞠躬盡瘁，死而後已的溫世仁，就是最典型「燃燒自己，照亮人間」的偉大企業家。

對於年輕一代，高教授也是以鼓勵的態度，希望他們能為將來創造個可追求的遠景。他再三強調：做人的基本條件，要有品德；而做事的基本條件，要有專業知識或技能。個人應具有的競爭力是：品德＋知識＋語言

＋留學經驗＝競爭優勢。在全球化的環境，每個年輕人，除母語外，至少要具備英文和中文能力，在職場上，才會有較多的選擇機會。留學經驗也是很重要的學習過程，它可協助跳脫本土的傳統意識，接納世界潮流，這對因應全球化的衝擊是有幫助的。

當我讀完高教授這本書之後，就像獲得一壺陳年的醇酒。每一篇短文就像一杯醇酒，慢慢品嚐，會使人心曠神怡，對明天會充滿希望。

（本文作者爲中研院院士）

序文
站在趨勢前端的知識人

洪蘭

高希均教授是現代書生報國最好的榜樣，他有科技腦、人文心和中華情。從本書中，你可以看到他的熱切，篇篇都在談如何提升台灣的競爭力，創造兩岸雙贏的契機。

他從經濟學的觀點來看台灣如何可以走向禮義之邦，讓人民活得有尊嚴。他看到了十九世紀的財富在土地，二十世紀的財富在勞力，而二十一世紀的財富在腦力，因此他建議政府向世界借腦袋，只要是人才就用，千萬不可鎖國。現在的時代是「學習才會贏」，不再是愛拚才會贏了，每個人都要有專業才能和別人競爭。他一直呼籲納稅人的錢要用在教育上，有教育才有人才，但是有人才還要有人品才行，他要求所有人「做什麼像什麼」，也就是要有「敬業」的精神，敬業是任何一個職業的根本道德，做知識分子就要像個知識分子。

雖然現在台灣的知識分子，已經失去主導社會思潮的能力，他認爲還是要說，因爲這是知識分子的責任。在大部分知識分子因失望而選擇沉默時，高教授是奇葩，知其不可而爲之，令人敬佩。有時想想，怎麼百分之八十的好人會被百分之二十的人弄得民不聊生，束手無策？最殘忍的流言常是用沉默來說的，我們不應該再沉默，必須造成輿論的力量，台灣才有希望。

台灣社會最大的危機是過去做人的基本核心價值觀：忠誠、正直、公平、正義已逐漸流失。高教授說：「沒有人不能做事，沒有人才，不能做大事，但是沒有人品，小事大事，都會壞事。」品格的重要性，蘇格蘭的報人及政治家斯邁爾斯（Samuel Smiles, 1812-1904）說得非常好：「一個民族若是缺少了品格的支撐就可以確定它是下一個滅亡的民族；一個民族如果沒有了忠誠、正直、公平和正義，它就失去了生存的理由。」不管時代怎麼變動，只要是一個「人」的社會，它就不能缺少這些核心價值，因爲它是人和人相處的基本原則。

過去，忠一直是傳統價值觀的第一項，忠孝不能兩全時，是取忠而捨孝，「覆巢之下無完卵」、「爲大我犧牲小我」，這是我小時候的觀念。現在不同了，對國土的依戀淡到讓人民用腳投票，不爽就出走，另尋天堂，毫無留戀。而且不但跳槽，還帶著老東家的客戶名單一起走；過去是君子絕交不出惡言，現在是一旦絕交，同歸於盡，至少也要在網路上把過去的事抖出來，使人身敗名裂，眞是不可思議。很多剛出校門的年輕人把小公司當成職業訓練所，學了一點技術和行規後就跳槽，忘記了事業的雄心要建立在專業的良心上，我總是覺得要先反哺之後再跳槽心才會安。

但丁說：「道德可以彌補智慧的缺失，智慧永遠無法彌補道德的空白。」現在的人都把道德看做公民課本的口號，是選舉時才拿出來喊一喊的。道德的淪喪是台灣社會急遽沉淪的主要原因，「上行下效」，模仿是動物的本性，人的大腦中有鏡像神經元（mirror neurons），「上有所好，下必甚焉」，「楚王好細腰，宮中多餓死」，皇后的責任更是母儀天下，叫國母。在上位者是人民的表率，假如所有的政治承諾都是欺騙，法律是選擇性辦案，經濟犯可以逍遙國外，我們又怎能期待孩子對不對的行爲有羞恥心呢？羞恥的反面是尊重，當一個人爲了權力可以充耳不聞外界所有的批評，自己「好官我自爲之」時，他就失去人民對他的尊重，他應該感到羞恥。

中國人一向是勤勉的民族，像牛一樣埋頭苦幹，但現在時代不同了，必須要有高瞻遠矚才不會做虛功，諾貝爾獎得主海克曼說得好：「台灣應該像猴子一樣靈活，跳在大象的背上，不要像螞蟻一樣，辛苦了半天，最後被踩在腳下。」這句話正是高教授說的：「走在趨勢前面是遠見，與趨勢同步是定見，與趨勢反向是偏見。」當泰銖超越台幣時，我們不能再做溫水中煮的青蛙了，所有的知識分子要站出來，憑著他的良知與良心，共挽狂瀾，使我們的下一代能有尊嚴地活在自己的土地上，免去做台勞的恐懼。

（本文作者為陽明大學神經科學研究所教授）

自序

「勝利」是台灣唯一的選擇

（一）

二十世紀元年（一九〇〇年），對中國人與台灣人是同樣的殘酷。八國聯軍攻侵北平，日本帝國主義統治台灣進入第五年。滿清的腐敗使四億多人民受盡痛苦。

歷史的教訓是：一個無能的王朝就會帶來烽火漫天，國破家亡。

百年戰亂、百年蛻變、百年新局。

二十一世紀元年（二〇〇〇年）中國大陸與台灣同時出現了前所未有的遠景。中國大陸的經濟以百分之十的成長率在全球競爭中崛起；台灣在寧靜的革命中，國民黨政權和平地移轉給民進黨，陳水扁當選爲總統。

台灣歷史性的機遇是：當反對黨在民主化浪潮中，變成了執政黨，正可以一鼓作氣攀登民主、法治、全球化、族群融合、兩岸開放的高峰。如果這樣，陳總統就變成了中華民族民主史上的英雄，民進黨就變成了不可取代的政黨。

出人意外地，陳總統選擇了另一條路——鋪天蓋地的選舉操作，祇在延續權力的掌控。七年來的政績竟是如此地令人失望。七年的政策空轉產生了兩個重大影響：台灣在全球化中，愈來愈失去競爭力；台灣在邊緣化中，愈來愈孤立。

（二）

面對這樣的大變局，二〇〇三年我發表了《反冷漠的知識人》一書。其中討論到：對陳總統施政不能冷漠，對李前總統的負面示範不能冷漠，對兩岸僵局不能冷漠，對知識經濟的興起不能冷漠。

書中有幾段話是這樣寫的：

有人說：「人不爲己，天誅地滅。」我要說：「人人爲己，天毀地滅。」看看大陸沙塵暴出現時的天怒，看看台灣土石流發生時的地吼！「貪婪」正是今天東方與西方社會共同墮落的根源，我不得不把大家熟知的「權力與腐敗」的因果關係，改寫成：貪婪使人墮落；絕對的貪婪，使人絕對的墮落！

如果「貧」是二十世紀的「病」，「貪」就是二十世紀之「痛」。此刻，只有世界各國的政府、企業與人民及時在貪婪的大逆流中，採取對策。唯有行動，才有結果。

十七世紀的法國哲學家帕斯可（Blaise Pascal, 1623-1662）說得深刻：「世紀上罪惡的出現，是因爲一個人無法獨自坐在一個房間裡。」因此，對策之一就是要那一些虛僞的政客、那一些喧譁的民代、那一些貪婪地遊走於政壇與商場的名人，能夠少出門、多反省，這個世界就會寧靜得多。

（三）

台灣的政局與經濟情勢持續混沌。在二〇〇四年八月再發表了《八個觀念改善台灣》，書中提出八個觀念：

(1)大格局思維。

(2)「台灣優勢」比「台灣優先」重要。

(3)不獨不統下的兩岸雙贏。

(4)**提倡有靈魂的知識經濟。**
(5)**開放社會與國家競爭力。**
(6)**人的品質與優質生活。**
(7)**人文情懷。**
(8)**學習型台灣。**

「自序」中我寫著：「我當然記得美國威爾遜總統的話：『若要樹敵，就試圖推動改變。』不追求名位，不爭取選票的知識分子，如果怕得罪人，怕樹敵，都不敢提倡改變、改善、改革，那麼這個社會注定了沉淪與墮落！

「台灣還存一線生機，因爲知識分子還沒有完全放棄。」

像很多中產階級一樣，對台灣前途已失去了信心，也失去了熱情，但我還沒有完全放棄。

（四）

台灣此刻的情勢更爲嚴峻，因此再做一次嘗試，提出「台灣的V型選擇」。

當前的台灣有兩個：一個是正在邊緣化的台灣，一個是急待奮起的台灣。造成邊緣化台灣的元素是——內有內耗性議題一個接一個地操弄；財經、民主、環保、教育等重大政策一個又一個地空轉；兩岸關係一件又一件地僵持；廉能政治一次又一次地落空。外有全球化的風起雲湧，與中國大陸經濟快速崛起，二者都對台灣在世界舞台上的地位造成衝擊。內外形勢的惡化，造成了人民、企業、外商束手無策。

急待奮起的台灣，祇剩下一個選擇，要以最短的時間、最快的速度、最大的包容、最廣的視野，追求勝利——VICTORY。「勝利」由七個元素組成：

(1)**願景**（Vision）

(2)**誠信**（Integrity）

(3)**承諾**（Commitment）

(4)**人才**（Talent）

(5)**開放**（Openness）

(6)**和解**（Reconciliation）

(7)**年輕一代**（Youth）

把七個英文字的第一個字母聯結，就是VICTORY，就是書中提倡的「V」型選擇。

(五)

在美國任教（一九六四—一九九八）的三十四年中，從一九六七年起，我每年都設法回來，今年剛好是四十年。

四十年中，「台灣」從旭日東升走向夕陽西斜，刻劃了兩個政黨的升起與衰敗，陪著走進沉淪的是那兩千三百萬善良的人民。這實在太不公平了。

今年七月剛好是天下文化創設二十五週年。二十五年前出版的第一本書是我寫的《經濟人與社會人》，那眞是一個台灣意氣奮發的年代。此刻的台灣必須反敗爲勝，做出「V型選擇」。

最近寫的兩本書，祇有自序。這本書決定邀兩位大家尊敬的學者寫序。一位是對台灣經濟與學術發展有重要貢獻的于宗先院士；一位是對台灣神經認知科學和教育普及化積極參與的洪蘭教授。

本書的出版要感謝各位同事的參與：林素伶的整理文稿，吳佩穎、沈維君、曾文娟三位的細心編輯，李錦鳳的封面設計，以及李雪麗的企劃。沒有他們的專業投入，這本書會出現更多的缺點。

（二〇〇七年六月，台北）

第一部

V 型選擇的架構

V

我們的希望

人不怕死，就可以點燃流血的革命火種；
人不怕苦，就可以投入流汗的經濟起飛；
人不怕「無情」，就可以毫不遲疑地展現大是大非。
台灣社會此刻最需要的，
就是一場空前大規模地切割各種情結的理性革命。
讓我呼籲：從中產階級、知識分子、年輕一代做起。

緣起

唯有「V型選擇」，台灣才能反敗為勝

（一）什麼是「V型選擇」？

用這個名詞，有三層意義：

第一：V型選擇是英文「Victory」勝利一字的手勢，也正就是二次大戰中，英國首相邱吉爾在德軍猛烈轟炸倫敦的危險時刻，宣示「終必戰勝

圖一　台灣的V型選擇

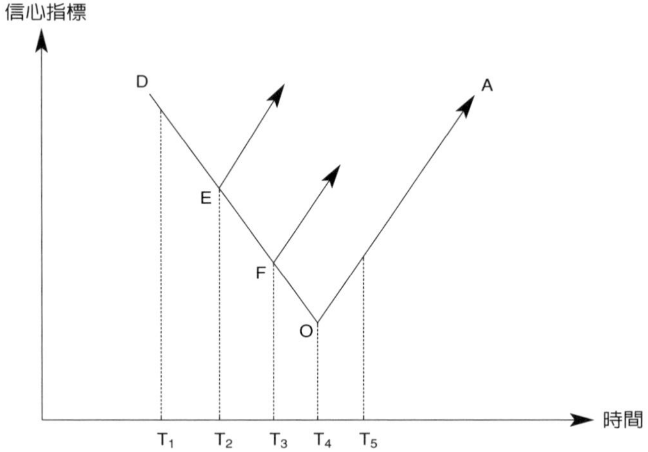

納粹」的招牌手勢；此處是指我們要選擇「勝利」。

第二：【圖一】所示：V型左邊的斜線—DO—一直向右下滑，也就是意指各種綜合指標都在下降；到了谷底之後，終必要出現另一股拉抬力量，那就是右邊上升的斜線—OA—。

第三：谷底翻升的力量，不會從天而降。在民主社會就要看民意的選擇。我認為主流民意是：和平、繁榮、融合。

作者根據當前台灣情勢，提出

七個改善因素，希望能促使右斜線—OA—的出現。這七個因素分別爲：

(1) 願景（Vision）

(2) 誠信（Integrity）

(3) 承諾（Commitment）

(4) 人才（Talent）

(5) 開放（Openness）

(6) 和解（Reconciliation）

(7) 年輕一代（Youth）

把七個因素的英文名詞，連結第一個字母就是VICTORY。

（二）為什麼民間信心衰退？

【表一】列舉了七個原因，指出政府決策階層的缺失：

(1)「願景」模糊。
(2)「誠信」衰退。
(3)「承諾」破產。
(4)「人才」折損。
(5)「開放」萎縮。
(6)「和解」僵持。
(7)「年輕一代」迷惘。

表一　衰退原因與選擇策略

各種信心指標衰退的七個原因	V型選擇的七項策略
1. 國家「願景」模糊，政策方向不清。	1. 訂定清晰的長程與短程願景，全力以赴。
2. 政府與企業的「誠信」衰退。	2. 民無信不立，政界與商界要共同重建聲譽。
3. 公共政策的「承諾」一再跳票。	3. 政策要透明、持續、連貫及可預測性。
4. 各方「人才」或未受重用，或受到折損。	4. 用人才、借腦袋、開創新局。
5.「開放」屢遭挫折，邊緣化隨之加速。	5. 唯有加速開放，台灣才有生路與出路。
6. 兩岸「和解」僵持，國防支出難以削減。	6. 唯有追求兩岸雙贏，經濟才有生機，人心才會安定，軍備才可減少。
7. 各種「可能」因各種政治算計變成「不可能」。 使「年輕一代」陷於迷惘。	7. 去政治化之後，各種「想像的可能」就變成「真實的可能」。 「年輕一代」重拾信心。

（三）要用什麼對策來挽救？

【表一】列舉了七項策略，如能切實推動，三年之內台灣社會就會再度充滿生機。這七項策略是：

(1)訂定清晰的長程與短程願景，全力以赴。

(2)民無信不立，政界與商界要共同重建聲譽。

(3)政策要透明、持續、連貫、及可預測性。

(4)用人才、借腦袋、開創新局。

(5)唯有加速開放，台灣才有生路與出路。

(6)唯有追求兩岸雙贏，經濟才有生機，人心才會安定，軍備才可減少。

(7)去政治化之後，各種「想像的可能」就會真的變成「真實的可能」。

年輕一代，重拾信心。

（四）為什麼提倡「另一個台灣是可能的」？

我曾經寫過：奇蹟創造者是「化不可能爲可能」；麻煩製造者是「化可能爲不可能」。三月上旬的杜拜行，再度親身看到了他們創造了不可能爲可能的沙漠奇蹟。

回到台灣，雖然氣餒，但不能放棄，因此我想在現況下，如果大家勇敢地面對現實，切切實實把「想像的可能」變成「眞實的可能」，另一個美好的台灣是可能的。

在全球快速移動的經濟版圖上，一出國門，更會警覺到在被邊緣化中的台灣是愈來愈無足輕重了：國際航線改道了；跨國企業辦公室搬家了；大部分的外資都投向大陸了；大公司也改在別處上市了；跨國企業總裁與國際著名學者，即使順道，也常不路過了；國際會議——即使小型的區域會議——也避免在台北召開了；國際運動比賽，也很難在台灣舉辦了；重要國家的政要當然已經幾十年沒來過台灣了，台灣在世界地圖上慢慢被遺忘了。

兩岸沒有直航是一個關鍵性的限制因素。沒有直航，對岸沒有直接損失，卻嚴重地傷害到了我們自己。當這種直航「可能」仍然是「不可能」時，我們就不得不沉痛地說：讓「可能」變成眞「可能」，眞是當前最重要的政策。

我要以六句簡單有力的英文句子，呼籲台灣選民理性思考，共同努力使二〇〇八年變成V型選擇的元年：

（1）Let's get it done.

（讓我們做好它）

（2）Make it happen.

（把它實現）

(3) Make a point, no more; make a difference, by all means.

（不要再空談，全力去改變）

(4) Another world is possible.

（另一個世界是可能的）

(5) We deserve better.

（我們值得更好）

(6) Get Taiwan moving again.

（台灣再出發）

第一章 台灣還有希望嗎？

——必須從切割「情結」著手

（一）流血、流汗、流淚

百年台灣的生命歷程就是血、汗、淚交織而成：有先烈的血跡、有先民的汗水、有先人的淚影。

流血是要推翻政權的殖民與獨裁，建立民主的法治社會。

流汗是擺脫貧窮與落後，建立小康的公平社會。

流淚是昇華感情的力量，建立理性的公民社會。

人不怕死，就可以點燃流血的革命火種；人不怕苦，就可以投入流汗的經濟起飛；人不怕「無情」，就可以毫不遲疑地展現大是大非。台灣不缺流血的革命英雄（如施明德），更不缺流汗的企業家（如劉金標），獨缺能割斷情感、展現公私分明、大義滅親的理性選民。

台灣社會此刻最需要的就是一場空前大規模地切割各種情結的理性革命；這大概只有從社會的精英分子做起。事實上，近月以來綠色知識分子已經展現了第一波浪潮：親綠學者七一五聲明啓動了公民社會應有的理性思維。

二〇〇六年十一月，被認爲深綠的陳瑞仁檢察官已經「含淚」起訴了第一家庭；當年國政顧問團的曾志朗也紅了眼眶說：「知識分子不應對是非中立。」李遠哲也在巴黎對阿扁總統做遙遠的呼喚：「慎重考慮去留的問題。」前教育部長黃榮村在文章中指出：「只有未來，才是台灣希望之所繫，假如陳總統該走就走吧！」

（二）見好收，見壞更要收

我們都記得施明德的名言：「承受苦難易，抗拒誘惑難。」而人最重要的誘惑有三：權力、財富、感情。

流血革命的人，是要獲取政治權力；流汗奮鬥的人，是要獲取財富；那麼流淚的人是要獲得什麼？這正是人性中的弔詭！

流淚的人是在付出、是在等待、是在犧牲、是在掙扎。想想半世紀前的兩個場景：

(1)年邁的母親老淚縱橫，在車站送走了兒子，他堅持要參加革命的行列。

(2)全家把最後一點儲蓄全給了長子，餐桌上全家泣不成聲，他就要離家出走闖天下。

流淚的人，不是弱者，常是在沉默中的強烈支持者。當他們把愛憎的情結傾洩時，常常可以引起騷動，甚至轟動。這種人會出現兩種極端：大部分受情感支配，不問對錯是非，硬挺到底；少部分是理性的觀察者，超越情感糾纏，明辨是非。

已被起訴的第一夫人，她先生之所以還能繼續擔任國家元首，還能做最後一刻的硬拗，所憑藉的就是那「流淚」的情感因素——那些深綠群眾，或基於台獨意識、或基於鄉土情誼、或基於自身利益，硬挺這位已被一半以上選民所不信任的總統。那些還含著淚在支持阿扁總統的群眾，有一些應當勇敢地站出來宣布：「我們覺醒了，我們覺得你應當辭職了！我們覺得你樹立太壞的示範了！」

（三）「只有立場、沒有是非」的代價

近二十年來，對台灣社會造成最大傷害的是「情結」：從省籍情結到

統獨情結、從南北情結到方言情結、從二二八情結到反商情結；其結果是「只有立場、沒有是非」。政客們巧妙地利用選民的情結，掩飾自己的施政空轉、個人貪瀆、利益輸送、社會沉淪。

切割「情結」不能靠有良心的政治人物（太少了！），只能靠我們每一個人的覺醒！台灣必須要從已經出現危機的空轉社會轉變成理性的公民社會，這就需要大家遵守與維護那些共同的行爲準則：這裡沒有對性別、地域、年齡、宗教、膚色等的歧視；讓法治、公平、正義要主宰社會思惟；讓特權、官商勾結、貧富懸殊要逐漸消失；「小我」的意識降低，「大我」的利益提升；個人的時間、愛心、財富與人分享；「天涯若比鄰」替代了「只掃自己門前雪」。這樣的社會主流才能跨越狹隘的村落、族群、鄉土，逐漸進入世界村的境界。

不論政治上藍綠的人民，應當率直地說：「總統先生：Enough is enough！整個台灣人民已經為你的貪瀆付出了太多的機會成本與社會成本！見好就收，見壞更要收！」

（四）台灣還有希望嗎？

四面八方而來的新聞，就指出二〇〇六年的冬天，台灣已經陷入四面八方的危機：

- 歐洲商會公開宣稱：「台灣已經完全失去了競爭力！」
- 台灣的金融健全度在一百二十五個國家中，名列第一百名。
- 台灣外人直接投資在一百四十個國家中，去年已落到一百二十六名。
- 台灣已變成四小龍龍尾，韓國已經超越台灣。

台灣的希望到底在哪裡？即使二〇〇八換了政黨，還來得及救台灣嗎？部分的答案就在我們是否有決心、有遠見做「V型選擇」。

第二章 掌握大中華經濟圈的二十個大趨勢

曾以《大趨勢》以及《二〇〇〇年大趨勢》聞名世界的約翰・奈思比（John Naisbitt），在一九九六年出版了與東方社會更貼近的《亞洲大趨勢》（*Megatrends Asia*）。

《大趨勢》出版於一九八二年，高居《紐約時報》排行榜兩年之久，銷售了八百萬冊，從此「大趨勢」變成一個家喻戶曉的新詞彙，也因此奈思比被認爲是當前世界上「具有敏銳觀察力的趨勢專家」。

（二）受世界關注的中國

全書討論了八個大趨勢，每一個都涉及中國大陸、台灣、香港及海外華人。在第八章中指出：中國之會變成新世界秩序中的超級國家，已不是「會不會」，而是「什麼時候」。二十一世紀中各國必須面對經濟上、政治上、軍事上強勢的中國。如果「中國不是世界上最大的強國，也會是一個強國。」

當前的處境是：中國大陸剛剛跨出第三世界的門檻，但是全世界——從美國、日本到東南亞——已經有人把它視爲假想敵；中國人的命運何其坎坷！大多數國家希望全世界人口最多的中國，不能窮，窮了就沒有市場；但不能富，富了就要搶資源；更不能強，強了就構成威脅。

十餘年來，台灣的經濟則從虎虎而有生氣，變成不死不活（前行政院長蕭萬長的話）。台中市長胡志強有一個生動的譬喻：因爲沒有三通，台北對上海的地理位置，已經變成了雅加達。

（二）影響極大的二十個大趨勢

此刻，讓我列舉出觀察到的，對大中華經濟圈有極大影響的二十個大趨勢。無庸置疑，順應潮流，就事半功倍；違反潮流，就自我折耗。

⑴立國之道，對外是走向開放、和平、雙贏；對內是建構共識、願景、大愛。

⑵軍事的支出要減少；教育、健康、環保、基本公共設施等要增加；社會福利既不能輕易增加，也不能輕易減少。

⑶軟性實力（soft power）的吸引力，遠比硬性實力（hard power）的威脅力更能產生實效。

走在趨勢前面是「遠見」，
與趨勢同步是「定見」，
對趨勢逆向操作是「偏見」。

(4)凡是軍事不能解決的，改用政治。凡是政治不能解決的，改用經濟。凡是經濟不能解決的，改用文化。

(5)國與國之間可以存在文化差異，但不能有文化衝突。

(6)中國的經濟實力在快速成長，美國的影響力則在傲慢中慢慢消退。

(7)美國需要大量國防支出，它要做「超強」；其他國家則不需要。

(8)台灣的活路，是與大陸接軌；台灣的出路，是與世界接軌。開放是生路，鎖國是死巷。

(9)節約能源比開發能源更迫切。

(10)財政赤字、過度消費與貿易逆差要控制，外匯增加與貨幣貶值要節制。

(11)區域（如亞洲）內貿易與投資，常超過區域外；區域間的自由貿易協定，常比國際性的協定更實惠。

(12)資訊唾手可得，知識仍要按部就班累積。

(13)知識工作者的核心優勢，不是擁有資訊，而是掌握知識。

(14)人的壽命愈來愈長，自己的養老準備要愈來愈充分。

(15)教育、健康及醫療社會福利的支出（而非軍事支出），應占中央預算的大部分。

(16)賺大錢是「大」企業家，捐大錢是「偉大」企業家。

(17)進步國家中出現了三個沒有人敢輕視的名詞：品德管理、企業社會責任、志工企業家。

(18)無能的政府最好少管，愈管愈糟；即使曾是「大有爲」的政府，也要走向「有所不爲」。

(19)從政者想擁有權力，就不要想擁有「財富」。二者兼得的代價，常常是身敗名裂。

(20)爲選舉而製造仇恨、爲個人財富而貪污、爲掌權而不擇手段，這些政客在世界各國，通常只有一個結局——鋃鐺入獄。

細數今天以色列與黎巴嫩的軍事衝突、北韓的試射飛彈、台海的潛在危機、非洲國家的落後、災害、病痛，以及全球各地貧富差距的蔓延，爲全球的政治家提供了一個歷史性的機會：

構建和平的人，是真正的英雄；
創造繁榮的人，是真正的功臣。

一旦機會出現，就要抓住。奈思比在他出版的新書《*Mind Set*》中的第九章指出：「成果來自機會利用者，非問題解決者。」

半世紀來的台灣，從沒出現過英雄；半世紀來的台灣，曾出現過幾位功臣，但已經遠離而去。

和平與繁榮應當是台灣兩千三百萬人民最需要追求的趨勢。

第三章 集中注意力

（一）「注意力經濟」

當前文明社會的病態之一，就是太多的資訊，追逐太有限的時間。任何東西太多，就使人難以選擇；太少，又使人爭先恐後去追求。中國人的中庸之道蘊藏了千年的智慧。

二十世紀末，「資訊時代」的出現，起初由於資訊的蓬勃及廉價的提供，受人歡迎；接著網際網路的盛行與電子郵件的無遠弗屆，出現了資訊的氾濫，使人焦慮。媒體中的資訊超載（information overload）、資訊壓力（info-stress）正就形容資訊過多帶來的煩惱。

當商品的供給過多，超過需要，價格就下跌；當資訊的供給，超過個人所能吸收，注意力就下降，產生「注意力匱乏」（attention deficiency）。因此，面對排山倒海而來的資訊（從電視、廣播、報章、雜誌、書籍……到網際網路），一個人的「注意力」，就立刻變成了稀有與珍貴的資源。如何支配一個人的「注意力」，如何防止「注意力」的渙散，如何吸引「注意力」，如何使「注意力」發揮最大效益等等的課題，就變成了一門新的領域：「注意力經濟」。

《紐約時報》週日版（二百餘頁）所含的資訊，已經超越了十五世紀讀者可以獲得的書面資料。現在，全球每年出版三十多萬冊新書及四萬種學術期刊，美國每年出版的新書約六萬多冊、雜誌超過一萬八千種，全新雜誌又有六百多種。

（二）善用「注意力」

面對這樣的資訊爆炸，就必然會產生「注意力失焦」。引申來說，在消費主控的市場經濟活動中，誰能多獲得消費者的注意力（如SOGO禮券），誰就擁有權力（如市場占有率）。事實上，政治選舉、電視收視率、球賽、電影、廣告、報紙、雜誌、書籍……所爭取者也就是每一個人的注意力。

由於自己早年就體會到「注意力」的有限性，也就不自覺地歸納出要如何善用「注意力」：

(1)自己既然不可能讀遍一個領域中相關的書，就只能把自己的注意力集中在「一流」的書上。

(2)自己不需要恐懼漏掉資訊，更不濫用注意力，要有自信地告訴自己：「不知」不是「無知」；選擇性的「不知」才眞能「求知」。

(3)除非是記者或情報人員，不需要把自己當成「消息最靈通的人」（機會成本太高），但要把自己當成善用重要資訊的人。

(4)善用「注意力」，就是善於掌握「優先次序」——分清哪些是重要的及不重要的。「捨」才會「得」。

(5)吸引別人對你的「注意力」：個人靠實力，公司靠品牌，國家靠形象。

(6)「注意力」本身就是一種機會成本。用兩小時的注意力看八卦新聞，就不能做兩小時其他有益的工作。

(7)注意力難以聚焦的最大敵人，就是不肯說「不」。做人面面俱到，做事拖拖拉拉，講話拖泥帶水，決策左顧右盼，加速造成「注意力失焦」。

(8)不要把「錯」的問題，花很多注意力來解決；注意力既然是稀少的「貨幣」，就要用在值得的事情上。「明察秋毫」的境界，由於機會成本太

喪失注意力的人，等於喪失了自我；
集中注意力的人，才能找到自我；
善用注意力的人，才能發揮自我。

高，需要三思。

(9)「共識」與「使命感」是上下一體注意力集中後的產物。當注意力各自分開時，公司就會意見分散，社會容易分歧。

(10)獲取資訊的原則：不在量，而在質；不在多快速，而在多精確；不在免費提供，而在是否實用。

(11)優秀的管理者，把少於一半的注意力，對付當前問題；把多於一半的注意力，策劃未來的發展。

(12)整天忙於救火的公司總裁，一如時時刻刻忙於處理危機的領導階層，一定是陷於水深火熱之中。

集中焦距，戴上了「注意力」的鏡片，來看外在的世界，忽然撥雲見日，一切都變得比以前清晰。

果真能夠善用注意力，資訊就變成了奴隸，自己就變成了主人。二十一世紀人類文明的列車就可以：

靠選擇過的資訊做燃料，

靠累積的知識加速，

靠古今中外累積的智慧掌握住方向盤。

第四章 從政者不可不知的「藍海策略」

（一）商機無限的藍色海洋

《藍海策略》（*Blue Ocean Strategy*）是一本暢銷書，也是在歐美社會引起討論的經營策略，刻正引進台灣。這個名詞中的「藍海」不是政治符號，它意指一望無際的藍色海洋，是一種商機無限的隱喻。

「藍海策略」指出：企業不可能永遠保持卓越，要打破這個宿命的策略就是：「脫離『血腥競爭的紅色海洋』及零和遊戲，創造無人競爭的市場空間，開創藍海商機。」

進入二十一世紀，全球企業競爭陷入前所未有的慘烈「血腥競爭的紅海」之中。一邊以產品、價格、品質、成本、服務、產品差異、市場區隔等方式擊敗競爭者；另一邊又以產品通路、專利、仿冒、保護、開放、壟斷、獨占等手段來占領市場。於是，形成一片血腥紅海。

「藍海策略」就是要在兩邊夾殺中，不再死守一個固定的市場，也不是在圍城中肉搏，寸土必爭，對舊市場、舊產業緊抱不放，血染汪洋；而是勇敢地另建舞台，另尋市場，另找活水；在新的環境中，大顯身手。

（二）政治人物也需要訂定藍海策略

「藍海策略」對選民市場最敏感的政治領袖亦具有極大的啓示：爭取中

問顧客，開發尚未開發的市場。

一個企管新策略，變成了政治人物也可以應用的新策略。訂定藍海策略時，該書作者提出了「消除、降低、提升、創造」四項策略思維。若以政治爲例：

(1)「消除」哪些習以爲常的因素（如樁腳）？

(2)「降低」哪些因素應降低於一般標準（如送紅包）？

(3)「提升」哪些因素應高於一般標準（如對廉潔的要求）？

(4)「創造」哪些尚未提供的因素（如保證無省籍歧視）？

當一個組織陷身於「紅海」的零和遊戲中，「藍海」策略就是追求「價值創新」（value innovation），不僅拋棄對手產生「替代」效應，更能產生「另類選擇」（alternatives）。

也就是說，「老二哲學」、「模仿別人」（Me too.）的策略，都是傳統的紅海策略，藍海策略則是提供新的選擇與願景：「你談憲改，我談經改」、「你談戰爭，我談和平」、「你談本土化、我談國際化」、「你提個人補貼，我提創造就業機會」。

對當前的兩岸關係，民進黨的基本思維仍是互不信任、互相防範、互動冷漠的惡性循環，這無疑是「紅海」思維。二〇〇五年春天連戰的和平之旅，對選民來說，或許是「替代」，或許是「另類選擇」；這樣的政見正吻合藍海思維。

對幾千億軍購的爭論，紅海策略是購買武器持續與對岸對抗；藍海策略則是尋求替代軍購方案，追求和平協定。

藍海策略的實用價值，或可廣泛地推動到各個領域。因爲，凡是與眾不同的、前所少見的、貼近顧客的、足以誘發消費者新希望的「決定」、「行動」、「方式」、「過程」，都可以泛稱爲在運用「藍海策略」。這個策略就是跳出傳統模式，開創一個新天地。

《藍海策略》的兩位作者金偉燦博士（Dr. W. Chan Kim）與莫伯尼博士

藍海策略的精義，就是跳脫傳統的「紅色血腥」競爭，刺激企業（或組織）去追求一個完全嶄新的想像空間與發展方向。

（Dr. Renée Mauborgne），曾於二〇〇五年九月來台訪問，他們在會晤當時行政院謝長廷院長時，提出了一個政策建言：「台灣企業的市場在全世界。」

必須跨出本土，才能發現藍海；當前公部門的藍海策略，則需要綠色推手。

第二部

七個選擇

選擇一

願景（Vision）

所有的政治承諾都是欺騙，
所有的投票都是白費，
所有選民的期望都會落空，
除非執政的政府能夠切切實實、
規規矩矩地提升全體人民活的尊嚴。

第五章 台灣的願景一：走向禮義之邦、快樂之島、幸福之地

（一）邊緣化的宿命

台灣社會的沉淪，台灣經濟的衰落，台灣政治的腐敗，已是不爭的事實。最使人心痛的是：這個島上有這麼多心地善良的人民、這麼多認眞工作的人民、這麼多樂於分享的人民；他們就幾乎無能爲力地在沉淪、衰落、腐敗的大浪濤之中被呑噬了。如果用八〇／二〇原則來反問：怎麼百

分之八十的好人會被百分之二十的人弄得束手無策？

台灣在「軟性實力」領域，大有可爲；在商業世界中，隨著中國的崛起，除了高科技這一塊，台灣已變成一個可有可無之地。以「邊緣化」來形容台灣處境，正如一位企業家所說：「台灣從未占有過樞紐的地位。」他在提醒大家：邊緣化不是一直就是台灣的宿命？

雪上加霜的是，因爲政策空轉與兩岸三通僵持，在台外商已一再表達嚴重的失望。二〇〇六年十二月《遠見》雜誌的「外商大調查」中就有這些觸目驚心的發現：

(1)八五・一％認爲大陸最具投資吸引力。
(2)六四・六％希望兩岸直航。
(3)六二・一％外商對二〇〇七年台灣經濟悲觀。
(4)六〇・九％外商對台投資環境信心下降。
(5)五七・一％希望穩定國內政局。

(6)五三・四%不滿政府處理企業投資態度。

（二）不再夜郎自大

我們的選擇是不再冷漠、不再坐視危機的持續。

台灣需要重新定位的再生；但不能靠購買軍火，來對抗對岸；不能靠製造仇恨，來激化內鬥；不能靠製造「事件」，引起國際重視。我們更不要夢想做大國、做強國，甚至「獨立建國」。如果經過全民的共識與規劃，投入十年的心力，中華民國或許可以一步一腳印，走向一個禮義之邦、快樂之島、幸福之地。

去年七月英國萊斯特大學（University of Leicester）的一項調查指出：在一百七十八個國家和地區中，全球最快樂的三個國家是丹麥、瑞士、奧地利；美國名列二十三，德國爲三十五，台灣是六十八名，中國大陸爲第八十二名，日本則落後在九十名。一項國內調查也指出：台灣男性中有三

我相信絕大多數人民的common sense，就是寧可放棄追逐大國、強國、「獨立建國」之夢，讓這片土地變成禮義之邦、快樂之島、幸福之地。

分之一不快樂，女性也近三成。

經濟學家早就承認：所得增加並不等於快樂增加；甚至也承認：金錢可以購買財貨、休閒、甚至大部分的健康，但不能購買到「完全的快樂」。

如果台灣不夜郎自大，大家就會同意：

(1)我們沒有本領能夠變成一個大國；但我們或許有可能的本領變成禮義之邦。

(2)我們沒有實力能夠變成一個強國，但我們或許有可能的實力變成快樂之島。

(3)我們沒有條件能夠「獨立建國」，但我們或許有可能的條件變成幸福之地。

這樣的認知與嚮往，當然要有兩大條件的配合：

(1)政府施政的優先次序要徹底調整。

(2)民間的思維與行爲也要徹底調整。

近年來我不斷提倡哈佛大學奈伊（Joseph Nye）教授的軟性實力與硬性實力的概念，這個概念可以完全用在台灣社會最迫切需要的大轉型上。最重要的第一步是中央政府要勇敢地把提升硬性實力的財源（如武器購買），移轉到軟性實力的提升（如教育及環保）。

台灣要變成「禮義之邦」，就必須要透過教育——從基礎教育、家庭教育到社會教育。有了言教，還需要身教。「上樑不正下樑歪」的政商歪風必須要連根拔起。

台灣要變成「快樂之島」，就必須要消除人民不快樂的根源——從個人的憂心升學、就業、治安、健保、退休、生態保育等之外，還有大環境的政治惡鬥、政商勾結、兩岸僵持、志工與大愛的擴展等。

台灣要變成「幸福之地」，就必須改善幸福增加的元素：家庭的和諧、工作與收入的安定、健保與退休的安排、社會的公平與和諧、各種形式的歧視的減少，以及樂觀的願景。

（三）Common Sense成主流

當台灣的人民在追求禮義、快樂、幸福之際，仍然會面臨一個無可逃避的現實問題：如何面對大陸：統乎？獨乎？維持現狀乎？

二〇〇七年一月二十二日的美國《時代》雜誌即以「中國世紀」爲封面專題，指出「中國早已是一個商業大國，現在要變成世界舞台上另一超強」。

二〇〇六年十月下旬訪台的諾貝爾經濟獎得主謝林（Thomas Schelling）在會晤過陳水扁總統後，公開指出：「台灣應完全開放與中國的經貿互動，雙方的互動愈多，依賴愈深，台灣的危機將愈小。……二邊關係愈密切，中國愈不會用暴力破壞這個關係，所以我完全支持開放，政府應該非常開放，讓中國去擔心是否過於依賴台灣的貿易。」

二〇〇六年十二月下旬訪問台灣的美國學者羅森諾（James N. Rosenau）

對於台灣被邊緣化的情勢，也做出了公開的建議：「台灣需要英雄。」

可惜的是：以目前政治上的肅殺，以及意識型態的對立，台灣既不可能產生眞正的英雄，也不可能產生大政治家，更不可能產生大思想家；但是，台灣太迫切需要讓common sense抬頭，讓common sense變成主流。common sense就是普羅大眾——無數的你與我——普遍渴望安定、小康、分享的看法。

二〇〇八年要競選總統的各黨候選人，有沒有聽到這種卑微的聲音？

禮義之邦，就是重建「禮義廉恥」的倫理。

快樂之島，就是增加個人生活上的安全與富裕，及社會群體間的和諧與分享。

幸福之地，就是提升及改善人民的健康、所得與教育。

做一次三百天的「全民總統」

做了十年英國首相的布萊爾，卸任前夕，自我檢討時指出：自己花了太多時間處理國際事務，沒有花足夠的精力推動國內政策。

我們誠懇地請求陳總統在剩下的時間中，做一次三百天的「全民總統」。不再拋出無解的、對立的、無效率的政治性話題；不再爲一個政黨做出鋪天蓋地的選舉布局，以全副心思來處理與人民福祉最相關的議題。

「上帝在我這邊」

最近我做了一個夢，夢中聽到這樣一段對話：
泛綠選民問：「兩岸什麼時候會統一？」
上帝回答：「不會在阿扁總統任內。」
泛藍選民問：「台灣什麼時候會獨立？」
上帝回答：「不會在我任內。」
泛綠與泛藍的選民都很得意：「上帝在我這邊。」
上帝笑笑地說：「互不否認就好！」

第六章

台灣的願景二：活的尊嚴

——提升生活品質、社會素質、人民氣質

李前總統於二〇〇七年一月下旬接受訪問時說：「從政多年最感到不滿意的是：台灣民主化之後，台灣人民卻似乎沒有感到幸福。」

這眞是一段有良心的自白。從他當總統到接任的陳總統，有沒有花過五分之一的心血，以具體政策來增加人民的幸福？還是花了幾乎全部的心思在鞏固自己的意識型態與政治勢力？

（一）三個座標

人類歷史上大部分流血的革命與不流血的改革，都在追求三個層次的生活：活得溫飽、活得小康、活得有尊嚴。中國大陸正在追求第一與第二個層次；台灣正要跨入第三個層次。這是一個「新」人權的爭取。

「新」人權不同於政治上、法律上、宗教上、種族上的人權。它不需要靠武力來爭；它不是爲個別利益團體爭；它更不是一個「你輸我贏」的爭。

「新」人權所爭者是爲全體人民生活上應有的品質、社會上應有的素質，以及人民應有的氣質。它向當年貧窮環境中衍生出來的因陋就簡、貪小便宜、政府保護、公家補貼、得過且過等等的落伍觀念挑戰；它更要求在小康社會中的就業、所得、教育、醫療、休閒、環保、公平、正義、基礎建設……等全面的提升。

從所提升的品質、從所獲得的素質、從所擁有的氣質，使台灣人民在現代社會中不只是求生活，而是要活得有尊嚴。因此，品質、素質、氣質構成了活得有尊嚴的三個座標。

概括地說：提升生活品質的層面包括了個人、家庭、社區及外在大環境的舒適、安定、進步；提升社會素質的重點在就業與所得、福利與退休、秩序與道德、公平與正義；提升人民氣質的核心在家庭，在教育，在人格培養，在文化薰陶，在價值觀念的建立，以及對歷史的尊重與溫情。

（二）功利、勢利、私利

爲什麼要在此時此刻提出活的尊嚴？因爲今天的台灣已被鋪天蓋地的功利、勢利、私利所籠罩：重價格、輕價值；重數量、輕品質；重結果、輕方法；重財富的累積、輕財富的運用；重個人的享受、輕大愛的分享；重自己的權益、輕自己的責任。

尤其令人痛心的是：在被譽爲「寧靜的革命」中，台灣人民一再親身經歷的是：扭曲的民主、殘缺的法治、腐化的權力，與被摧殘的社會公平與正義。

社會上的價值標準每下愈況：不是「對」或「錯」，「該」或「不該」；而是「有」還是「沒有」，「少爭」還是「多爭」。一些首長對其言行之「不認錯」與「歪理」的堅持，更是令人觸目驚心。

一個只想「硬拗」的社會是一個墮落的社會。
一個不會善用財富的社會是一個庸俗的社會。
一個容忍公害的社會是一個窒息的社會。
一個缺少對錯標準的社會是一個混亂的社會。

（三）經濟成長的高境界

經濟成長只是達到更崇高境界的一個工具、一座橋樑、一個過程。當貧窮國家正在全力追求物質與財富時，千萬不要忘記：財富的增加並不保證幸福的增加；物質享受的增加也並不意含快樂的等量增加。

爲了追求財富，個人需要付出的代價，包括了時間、精力，甚至健康；整個社會也需要付出代價——從自然資源的消耗到自然環境的破壞。

因此，生活水準所追求的「更多」、「更快」、「更方便」，在更高的境界中並不等於「更好」。生活素質的改善是透過對錢適當的支配，求得：第一、生活的安寧與自由，第二、育樂休閒的提倡與普及，第三、社會風氣的敦厚與純樸，第四、自然環境的保護與美化，公害的防止與減少。

（四）乾乾淨淨的社會

台灣急切需要建立的不是一個功利、勢利、私利氾濫的社會，而是一個小我與大我都是乾乾淨淨的社會。

這不僅是指四周的硬體環境要乾淨，更是指政府部門的決策過程要乾淨，企業負責人的商業與生產行爲要乾淨，人民的個人行爲與消費行爲也要乾淨。

受到不乾淨力量的衝擊，台灣愈來愈沒有秩序，愈來愈缺少是非，愈來愈變成同流合污。

二〇〇七年二月十四日，陳長文律師傳來簡訊：「台灣有位四十一歲孝女，照顧八十餘歲中風之老父多年後，先幫老父上吊再自縊。這是繼年輕父母帶子女燒炭自殺後的常見報導。讓長文感到慚愧與痛心，政客虛耗成千億在軍購、金錢外交……我們可以無動於衷嗎？」這正是爲什麼我大

所有的政治承諾都是欺騙，所有的投票都是白費，所有選民的期望都會落空，除非執政的政府能夠切切實實、規規矩矩地提升全體人民活的尊嚴。

聲疾呼「活的尊嚴」。

德國人驕傲地說：「我們有能幹與不能幹的政府首長，但沒有守法與不守法的政府首長。」這是政治上的乾淨。

新加坡人驕傲地說：「我們有薪水高與薪水低的公務員，但沒有收紅包與不收紅包的公務員。」這是品德上的乾淨。

瑞士人驕傲地說：「我們有貴與不貴的旅館，但沒有乾淨與不乾淨的旅館。」這是生活上的乾淨。

台灣要建立一個乾乾淨淨的社會，必須要徹徹底底地消除當前四大污染：特權的污染、財勢的污染、公害的污染、意識型態的污染。

（五）扭轉「同流合污」的現實

在台灣這樣言論自由、百家爭鳴的開放社會中，有三種現象並存：

第一種現象是：少數政客居然可以一再用「族群爭議」及政治操作來

贏得選票，這就證明台灣還是一個半成熟的社會。

第二種現象是：少數的企業老闆居然可以一再靠政商關係獲得商機，或獲得巨款聯貸，進而掏空公司，把黑洞轉嫁由納稅人買單，這就證明台灣還是一個半法治的社會。

第三種現象是：台灣還是有人散布在各行業、各地方，奉獻出他們的創意與熱情，這就證明台灣還是一個有希望的社會。

面對這些現象，台灣人民別無選擇，只有盡心盡力設法扭轉「同流合污」的現實。在每一個行業裡、在每一個位置上，讓每一個人都能理直氣壯地做對的選擇：爭取「活的尊嚴」。

第七章

台灣的願景三：「杜拜經驗」

——向世界借腦袋

「化不可能為可能」，是「奇蹟創造者」；「化可能為不可能」，是「麻煩製造者」。台灣曾因奇蹟創造者的出現而經濟起飛，更因麻煩製造者的作弄而社會沉淪。

此刻的台灣不要奢望「奇蹟」出現，但也不能再讓「麻煩」持續，我們需要結合各種中道的力量，尋找所有的新可能，化「想像的可能」為「真實的可能」，台灣就有希望。

（一）共赴杜拜現場

「如果政治領袖滿腦袋是政治算計，其結果就像亞洲的台灣；如果政治領袖滿腦袋是經濟發展，其結果就像中東的杜拜。」不要問這兩句話是誰說的，只要問這兩句話說得對不對？

台灣在下沉，杜拜在上升。這就是爲什麼《遠見》雜誌在二〇〇七年三月上旬，邀約了一群企業領袖，共赴杜拜現場，爲台灣謀出路。

如果杜拜不是阿拉伯聯合大公國的邦聯之一，而是一個龐大跨國企業，那麼副總統兼杜拜邦邦長的穆罕默德親王，眞就是一個充滿想像力與執行力的CEO。他近年來所採用的經濟發展策略，幾乎與晚幾年出版的《藍海策略》（二〇〇五年英文版）所提的多項策略不謀而合。

我曾對「藍海策略」這個名詞做過廣泛的解釋：凡是

- 與眾不同的
- 前所少見的
- 貼近現實的
- 誘發購買的
- 違反常理的
- 出奇制勝的

新過程、新組織、新產品、新點子、新方法、新行動……，都可視爲一種藍海思維與藍海策略。

在杜拜參訪中所見過的帆船飯店、杜拜國際金融中心、自由港、裘美拉棕櫚人工島、阿酋購物中心等，無一不反映了藍海策略中核心思維：價值創新與差異化；也無一不印證我對藍海策略的廣泛解釋。唯一不同的是：《藍海策略》的原著強調因創新而擴大需要，使成本下降，價格也隨之下跌；但是杜拜從不以價廉著稱，以帆船飯店爲例，總經理德拉弗斯向我們這些訪客在他二十七層樓的會議廳中驕傲地說：三年前一個七百六十到九百美元的房間，因爲供不應求，現在已經漲到一千五百美元以上。

二〇〇六年十二月，《紐約時報》將穆罕默德親王選爲「二〇〇六全球旅遊業最佳企業家」。雄心萬丈的他，最喜歡以「大」、「更大」、「最大」來創世界紀錄。他有一個生動的譬喻：「錢就像水，不用就會發臭，流動才會常清。」對那些充滿鬥志的杜拜官員，「追求第一是唯一的選擇」，「好」是「最好」的敵人。

二十年時間使杜拜變成了世界地圖上一顆閃耀的明星；十年時間使台灣幾乎在地圖上消失。

（二）杜拜經驗的精髓

看到杜拜的一幢幢新大廈爭奇鬥豔，就想起十年來竄起的浦東；看到它二十多年前還是一個小漁港的錄影片，就想起當年的深圳；看到它們政府官員信心滿滿地描繪五年、十年後的願景，更使我懷念台灣經濟起飛時的那群廉能官員：孫運璿、李國鼎、趙耀東、王昭明……。台灣也曾有過輝煌的經濟發展紀錄：在經國先生主導經濟政策年代（一九六九～一九八七），平均年經濟成長率為九．〇％，平均年出口成長率為二六．〇％，平均失業率為一．七％。

好漢不提當年勇。看看近年的台灣：經濟成長率緩慢、薪資難以調增、外人投資大幅下降、內需市場疲弱……，這些指標正是政策空轉、競爭力下降、投資信心喪失、兩岸關係僵持的綜合結果。

實地參訪杜拜之後，使我們相信吸取「杜拜經驗」，可以幫助台灣打開困局，試以下圖來概括「杜拜經驗」的發展次序。

杜拜當然有它成長的痛苦與失調。例如從當地居民的收入、教育水平、工作性質與引進的專業人才相比，有重大的落差。西方專業人士的生活習俗，仍會與傳統伊斯蘭價值出現不協調。

從經濟發展前景來看，杜拜除了變成全球奢華度假中心之外，是否要運用部分資源提升軟性實力，在教育、醫療等方面異軍突起，如構建一流的世界和平大學、全球兒童疾病醫

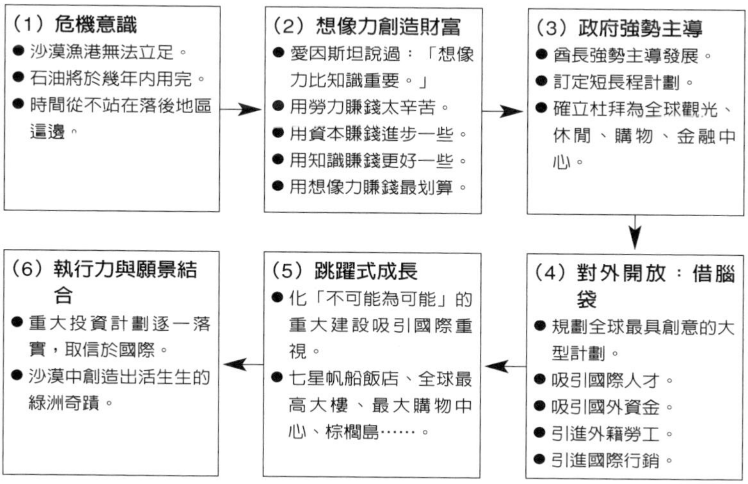
(1) 危機意識
● 沙漠漁港無法立足。
● 石油將於幾年內用完。
● 時間從不站在落後地區這邊。
(2) 想像力創造財富
● 愛因斯坦說過：「想像力比知識重要。」
● 用勞力賺錢太辛苦。
● 用資本賺錢進步一些。
● 用知識賺錢更好一些。
● 用想像力賺錢最划算。
(3) 政府強勢主導
● 酋長強勢主導發展。
● 訂定短長程計劃。
● 確立杜拜為全球觀光、休閒、購物、金融中心。
(4) 對外開放：借腦袋
● 規劃全球最具創意的大型計劃。
● 吸引國際人才。
● 吸引國外資金。
● 引進外籍勞工。
● 引進國際行銷。
(5) 跳躍式成長
● 化「不可能為可能」的重大建設吸引國際重視。
● 七星帆船飯店、全球最高大樓、最大購物中心、棕櫚島……。
(6) 執行力與願景結合
● 重大投資計劃逐一落實，取信於國際。
● 沙漠中創造出活生生的綠洲奇蹟。

院。事實上阿聯首都阿布達比已經在文化這方面領先一步：安藤忠雄在設計海事博物館；法蘭克．蓋瑞在設計古根漢博物館；羅浮宮第一次走出法國，也將落腳阿布達比。

（三）台灣要借腦袋

以台灣當前的經濟困局和炫耀式成長的「杜拜經驗」來比較，有幾點不同：

(1)杜拜的官員花心思告訴全世界，他們有信心可以「化不可能爲可能」；台北的官員花心思告訴選民：爲什麼他們做不到（全在反對黨）！

(2)杜拜的官員花心思在經濟發展，焦點在未來的願景；台北的官員花心思在政治運作，焦點在清算政治舊帳。

(3)杜拜的官員擔心執行的計畫能否變成世界第一；台北的官員擔心自己的官位能否保住。

(4)杜拜因「開放」得救，借國外的腦袋，把杜拜推上了國際舞台；台灣因兩岸關係僵持，白白喪失了商機及雙贏的可能。

(5)借用佛里曼的引喻，對杜拜，世界是平的，熱情地在擁抱它；對台灣，世界是不平的，冷酷無情地在遺忘它！

另一方面，台灣也不要滅自己威風。與杜拜相比，我們擁有很多優勢：在高科技、在製造業、在創業人才、在投資經驗、在地理位置、在天然氣候。我們今天的困局用最赤裸裸的話說：完全出在政治層面，那就是政治掛帥、政策空轉、政風敗壞，導致全面的政不通人不和。

台北的出路只剩一條：從總統府、行政院到國會，同心協力，拋棄那些「不可能」、「無效率」的政治議題，一起決心提升那些「可能的」、「有實效的」經濟、民主、文化等人民最關心的領域。

台灣此刻必須重新匯聚全民的願景、結合產官學的力量，再攀高峰。台灣要充滿信心地向全世界宣布：十年之內我們會出現世界一流的大學、醫院、研究中心、文化中心、漢學中心、社區、海灘、國家公園……。

如果能使「大可能」變成「眞可能」，台灣才能立足世界。

「台灣經驗」與「杜拜經驗」

■台灣經驗：面對資源缺乏及軍費重擔，政府在一九五〇～一九八〇年代，以廉能爲基礎，以經濟發展爲主軸，採取循序而進的發展策略，結合民間旺盛的企業精神，創造了高成長（平均八％左右）、低失業（不到二％）、物價穩定，以及貧富差距減少的輝煌紀錄，世稱「經濟奇蹟」或「台灣經驗」，譽爲四小龍之表率。

■杜拜經驗：不到三十年時間，將一個落後的沙漠漁港成功轉型爲全球度假、購物及金融中心，每人所得已超越三萬五千美元。杜拜政府憑想像力與執行力，借腦袋來訂定願景及藍圖，以開放策略吸引國際人才及資金，推動突破性與炫耀性的大計畫，產生了炫耀式成長，使杜拜獲得了「化不可能爲可能」的「沙漠奇蹟」。

第八章 台灣的願景四：唯有以「軟性實力」立足世界

（一）「軟性實力」的提出

國際情勢詭異多變，台灣前景混沌不清。其中兩個關鍵變數是：

(1)中國經濟的快速崛起與持續發展，已使台灣的發展空間愈來愈被壓縮。

(2)美國在國際舞台上已無法任性地我行我素，愈來愈需要中國或暗或明地支持。在「經貿熱、政治冷」的兩岸關係上，台灣正進退失據，陷入被邊緣化中。

哈佛大學奈伊教授在一九八○年代末提出了「hard power」與「soft power」的概念。前者是指一國以軍事上的強勢來壓制對方，完成國家政策目標；後者是指一國以其制度上的、文化上的、政策上的優越性或道德性，展現其吸引力。在他的近著《*Soft Power: The Means to Success in World Politics*》（Public Affairs, 2004）一書中，曾對這兩個觀念做過籠統性的討論。

在國家層次的討論上，「hard power」可譯成「硬性國力」；「soft power」可譯成「軟性國力」。在討論公司、個人或某一組織上，可譯成「硬性實力」或「軟性實力」。我注意到中國大陸分別譯成「硬實力」（或「硬力量」）、「軟實力」（或「軟力量」）；也有人譯成「硬性勢力」或「柔性勢力」。由於本文討論屬於一般性，將用「軟性實力」的譯名。

對這兩個觀念，可以再稍做引申：「硬性實力」是在使用時容易產生「負面力量」（negative power），如倚靠軍事力量來摧毀對方，造成占領及傷亡，美國對伊拉克的動武即是近例。這種力量的使用，即使可以自圓其說，也是「必要之惡」。

「軟性實力」則是一種正面力量（positive power），展現在制度組織上（如民主、法治）、生活方式上（如多元、開放）、政策推動上（如環保、消滅貧窮）、文化的分享與互動上（如藝術、音樂），因其展現了吸引力，使別人樂意仿傚、學習、嚮往。

「硬性實力」（如武器採購）費用龐大，有時沒有嚇阻敵人，先拖垮了自己財政，並且會產生支出上的排擠效果（前蘇聯即是一例，我們也面臨了嚴峻考驗）；「軟性實力」（如林懷民的雲門舞集）常常靠民間的自身投入，產生了良性的擴散作用，增加了別人對台灣的好感。

知識可以是「中性」的，用來發展核武，增強「硬性實力」，就有殺傷力；用來發展醫學突破，增加「軟性實力」，就可減少病患。在一國資源的分配上，「如何」的選擇不僅反映了政治領袖的知識，更反映了政治領袖的智慧。

當史達林嘲笑：「羅馬教皇有幾個步兵師？」教徒回答：「梵諦岡統治世界，從不倚靠軍隊。」這凸顯了獨裁者的盲點，也是軟性實力表現的極致。

(二) 主宰自己的命運

就台灣當前處境來說，最安全的國家安全政策就是不改變現狀——不獨不統、不修憲法、不改國號、不辦公投。在不挑釁對岸下，台灣就可以安全地生存發展；對岸也可以專心地持續它的改革與開放。這樣的做法正是藍海策略的思維，讓雙方跳出硬性實力的競賽，開創軟性實力的汪洋大

台灣在被邊緣化的國際大環境中，唯一可以突破的出路，就是全面提升自己的「軟性實力」——以實力來改善台灣的吸引力，以實力來增加台灣的影響力。

海。

因此，台灣的選擇只剩下台灣人民要主宰自己命運的路。曾任陸委會士委的現任立委蘇起在文章中指出：「台灣的民主制度、自由經濟、開放的社會，是台灣『軟權力』（soft power）的重要因素。只要充分發揮這些『軟權力』，台灣不僅更繁榮，而且更安全。」

（三）創造「吸引力之島」

我們要再度呼籲，政府的注意力與資源應當從政治與軍事層面轉向社會面與文化面。陳總統應當設立一個超然的全國性組織，除決策官員外，邀請孚眾望的民間人士，共同推動「全面提升台灣軟性實力」的大工程。

一旦決定少花兩千億元去買武器，就有足夠的經費來支援。政府的責任是在最短的期間，以充足經費投資，並用大量專才，同時鼓勵民間投資及參與，共同創造一個「吸引力之島」。軟性力量的吸引力要表現在六個方面：

(1)創造有競爭力的投資環境；

(2)創造有優勢的工作環境；

(3)創造有特色的教育環境；

(4)創造有品質的文化環境；

(5)創造有品味的旅遊環境；

(6)創造能永續發展的環境。

要切實做到這些，政府必須要借重民間力量，以前所未有的行政效率，通過新的立法，加速推動基本建設、教育投資、環保措施、民主修養、法治精神……。一夕之間，政府的會議、官方的發言、媒體的報導、意見領袖的評論、民眾的話題逐漸地遠離了政治，逐漸地接近了人民最關心的投資、文化、生活、工作、休閒……。民主政治的眞諦不是政治口

美國的民主機制、言論自由、著名學府、企業捐獻、尊重智慧財產權等都是令人羨慕的「軟性實力」。奈伊教授責難當前的布希總統對伊拉克過度使用「硬性實力」，輕視了對中東國家展現「軟性實力」。

水，而是生活優質。

台灣如果眞能創造那六個大環境，不僅立於不敗之地，更能立足於國際社會。事實上，令人嚮往的北歐、瑞士、紐西蘭，甚至新加坡等小國都是倚靠軟性實力，受到世人稱讚。

提升軟性實力的終極目標，就是把台灣變成一個吸引力之島（an attractive island）。只有政治人物覺醒，全民熱心參與，台灣才會有美麗的明天。這是台灣在被邊緣化中可以最後一搏的選擇。提升軟性實力，沒有陷阱，只有機會。

台灣人民應當把握有限資源，不再追求那些「沒有結果」的議題，集中力量，來提升軟性實力，把台灣變成沒有烽火的人間淨土。

硬實力與軟實力圖解

一國政府可以使用一種實力或組合兩種實力，追求某一外交政策之達成，以BCA曲線顯示。

圖中顯示，此政府有三種選擇：

（1）第一種選擇：軍事行動（以A點表示），大量使用硬性實力（OA_1），再配合少許軟性實力（OE）。

（2）第二種選擇：軟硬兼施（以C點表示），使用幾乎相近的硬性實力（OC_1）與軟性實力（OF）。

（3）第三種選擇：以柔克剛（以B點表示），運用大量軟性實力（OG），極少硬性實力（OB_1）。

政策選擇的組合，正反映出決策者的遠見

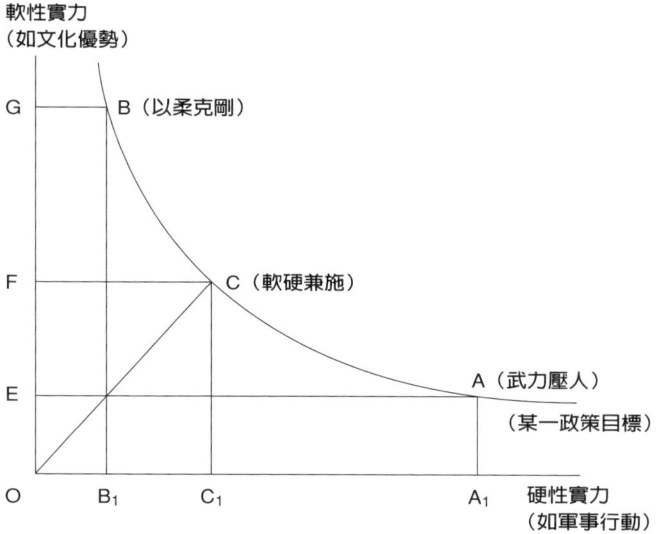

V

選擇一

誠信（Integrity）

台灣最缺的不是人才，是人品。
誠信不及格，一切落空。
這是從政與從商的第一課，也是最後一課。

第九章 傅利曼送給我們最好的忠告——從政者不會變成天使

（一）親炙一代大師

一代大師諾貝爾經濟獎得主米爾頓．傅利曼教授（Milton Friedman, 1912~2006）於二〇〇六年十一月十六日去世了，享年九十四歲。市場經濟的世界舞台上，少了這樣一位才華橫溢、辯才無礙的主角，會變得太寂靜了。

在自己三十餘年教書的生涯中，常常指定傅利曼教授的專著、論文及時論爲教本及參考讀物。在他浩瀚的著述中，對我們台灣社會此刻最有切身感受，也最會有得益的一個見解，很湊巧的出現在與他的請益中。這個觀點就是：「從政者不會變成天使。」

剛好是二十年前（一九八六）的十一月，在他舊金山寓所，我做了一次兩個多小時的訪談。從他寬敞的客廳外眺，舊金山美麗的景色盡收眼底。「我與羅絲（傅利曼的夫人）常常在斜坡上走上走下。」傅利曼教授指著窗外的南方說：「那是中國城，我們有時去那邊幾家很好的中國餐廳。」

那時他七十四歲，不久前他安裝了心臟調節器，但絲毫沒有影響他講話的快速與思路的敏捷。一如往常，對任何違反自由經濟與市場法則的政策與論點，仍然毫不放鬆地指責。他的夫人坐在一邊傾聽。

（二）大師評言

訪談從一九八六年諾貝爾獎得主貝凱能（James M. Buchanan Jr.）教授的貢獻談起。

問：你得獎時（一九七六年），有人說「天下哪有白吃的午餐」可以概括你的重要概念。托賓（James Tobin，耶魯大學教授，一九八一年諾貝爾經濟學獎得主）得獎時，他自己說「不要把所有的雞蛋放在一個籃子裡」是他研究的主題。你能不能用一、兩句大家都懂的話，來解釋貝凱能教授的公共選擇理論？

答：（沉思了一下，傅利曼教授答問題時，絕少見過他沉思）人民擔任公職或民意代表後，並不會變成天使。

問：從政者就如一般人一樣，有他的弱點？

答：從政者就如一般人一樣，在追求個人的利益，他們不會變成天使。

問：這樣說來，貝凱能的理論是很平易近人，人人能懂的？

答：事實上，幾乎所有重要的發現或者獨到的見解，都可以用平易近人的方式來表達。

貝凱能教授的貢獻是在他的學說提出之前，經濟文獻中充滿了雙重標準：假定私人企業的行爲完全是爲了「利」，又假定政府部門的行爲則只爲了「公」。因爲前者求「利」，因此要加予各種限制；後者是爲了「公」，因此要不斷擴大。

貝凱能則以實證研究來探討從政者的實際行爲。例如聯邦準備銀行主席說他的政策是要對抗物價膨脹，但我們不能信以爲眞，我們要從他的實際作爲中來判斷。

這次訪談於《遠見》雜誌一九八七年的元月號刊出，即以「從政者不會變成天使」做訪談標題。

一九八七年還是威權時代，經國先生在次年一月去世。那是台灣民主浪潮、街頭運動、黨外活動、廢除戒嚴等風起雲湧的年代。

我以這個標題提醒當時大權在握執政的國民黨，沒想到二十年後同樣的話，更適用於已經執政六年的民進黨！

放眼台灣今天的政壇人物，能不佩服貝凱能的遠見與傅利曼的憂慮？

「民主」這個機制，只能靠制度來規範，不能靠從政者來自我約束。台灣人民已經付出慘重的代價，身為選民的我們不能忘記自己嚴格的監督責任，因為從政者不會變成天使。

第十章 領導智慧與執行能力

——決策錯誤比貪污更可怕

（一）決策錯誤

二十多年前，當我第一次讀到：「當偉大的人物犯錯時，其錯誤也是偉大的。（When a great man errs, he errs greatly.）」給了我極大的震撼，引發了我當時提出的一個觀點（一九八二年三月）：「決策錯誤比貪污更可怕。」

貪污，在當時時空中被認為是最可怕的。但是如果領導者沒有做對決策，所產生的後果，遠比一般性的貪污更可怕。一個基層人員收了幾萬元紅包，可能受牢；但一個清廉的高官做錯一個決定，可能浪費國家預算幾十億。

政府部門的錯誤決策，最容易反映在資源誤用、人才誤用，及時效延誤上。試舉幾個大家熟知的例子：

(1)興建一個並不急需的大工程，只是爲了兌現競選支票。

(2)延誤一個重大公共建設的興建，減少了人民生活品質的改善及增加了以後的興建成本。

(3)核准某一部門偏高的預算（如武器採購），另一部門的預算（如教育與研發）則偏低。

(4)持續獎勵一個已經獲利很高的產業，持續補貼一個不需要再補貼的產業。

(5)任用不適任的人才，擔任要職；自己則被親信而非人才所包圍，聽到的則是奉順多於直言。

（二）當前政經運作的病態

近十年來台灣政經生態是令人痛心的：

(1)凡是以政治勢力——尤其以意識型態——主控經濟決策，經濟勢必衰敗，例如冷戰時代的蘇聯，經濟開放前的中國大陸。

(2)凡是政治勢力與大財團商業利益掛鉤，經濟運作——尤其是金融體系——一定在利益輸送下喪失其競爭性與公平性。

(3)凡是政治人物出沒於五星酒店，周旋於商界，熱衷於財富；凡是商界「大老」活躍於政壇，穿梭於球場與官邸，擅長於設宴，必然反映出國家之法律與社會之道德已敗象畢露。政商「互利」（政商「互動」是可以理解的）的結果，遲早會出現黑金政治，斷送政黨及個人的政治生命。

(4)凡重要人事任命主要來自小圈子與自己親信，講關係，而不講操守與能力，當這些任命一再出現於中央部會、國營事業、金融行庫、財團法人的機構……在外行領導內行，以及利益掛鉤之下，決策遲早會出大毛病，執行力也就蕩然無存。

讓我對決策錯誤的討論，再做四點延伸：

(1)清廉不保證決策正確，但貪污一定帶來後遺症。

(2)決策錯誤的根源，除了貪污，是來自對優先次序的誤判，參謀作業的不周全，利益團體的壓力，執行團隊的無能。

(3)避免決策錯誤，就要靠現代化的決策機制：以專業知識來增加決策的安全性，借重輿論及民意來減少利益團體的壓力，以不講情面的法治來對付不法與犯法。

(4)領導者自身的清廉、示範，是杜絕貪污的起點。誰看過操守出問題的領導者，身邊會有清廉的親信？

(三) 執行力

沒有領導力，怎麼會有執行力？沒有執行力，又怎麼可能有競爭力？沒有競爭力，台灣人民怎麼可能還有生命力？

什麼是執行力？執行力就是把一個交代的任務徹徹底底地完成。要圓滿達成執行力的三個步驟：任用對的人才，採取對的策略，以及做好對的細節；同時領導人必須自己積極地全心參與。

我再補充四點：

- **拚經濟就是在拚執行力。**
- **執行力讓組織重生。**
- **執行力讓政黨、企業、個人之高下立判。**
- **執行力使夢想成真。**

哪一個政黨能夠做事讓人民放心，這個政黨就會在總統大選中獲勝。台灣選民已從政黨輪替中學到教訓：不是選會說大話的，而是選能做大事的。

執行力的最高境界就是：「你做事，我放心。」擁有嚴格自律的人，會證實：「我做事，你放心。」

第十一章

岔路與正路
——軍火加碼的政策不能一錯再錯

（一）倡設「和平大學」

每當讀到執政者要把人民納稅的錢，用來增購軍火時，腦中立刻浮現出兩個景象。

一九八〇年四月首次去蘇俄及東歐國家訪問，一位莫斯科大學的教授憤怒地告訴我：「蘇聯的核彈能消滅敵人幾十次，但政府就不讓我們的人民好好地活一次！」

看到莫斯科商店門前排隊的長龍，擠在冰雪開始融化的骯髒馬路上，使我深刻感受到「麵包與槍砲」的排擠效果是多麼真實，多麼可怕！

十五年後，一九九五年十月，在舊金山「戈巴契夫論壇」上，前蘇俄總統戈巴契夫正以大會主席的身分發表對世界情勢的看法，媒體雲集。在演講的尾聲，他宣稱：「政治領袖的最大責任是追求和平，不是贏得戰爭。」全場掌聲雷動。

在緊湊的日程中，戈巴契夫與應邀赴會的前行政院長郝柏村有兩次私人聚晤。一次是一個小時對世局的討論，另一次是兩個多小時的私人宴會。會晤中，兩位都談及：「不僅要減少國與國之間的軍事衝突，更要全力促進世界和平。」兩位曾思考要在亞洲設立一個世界性的「和平大學」，培養下一代的領袖，永遠不要下一代子孫面對戰爭的威脅。

(二)與民意相左的預算分配

二〇〇六年八月，台北政壇出現了一個不能輕忽的政策宣示。蘇貞昌擔任行政院長後，在他首次提出的明年度總預算中，國防預算居然還要增加七百〇九億，提升到三千一百一十五億，占歲出比率一八．七%（比二〇〇五年成長二八．一%）；經濟發展僅增加三億，占歲出比率不進反退，由一二．七%減少到一二%。這種「重國防輕經濟」的預算分配，是完全與台灣民意相左的。

在歐美民主國家，討論施政項目時，國會以及輿論的焦距就是放在總預算的分配上。我們要做得像一個民主國家，就必須對中央政府總預算做嚴格的辯論。

我對國防預算的增加，一直表示強烈的懷疑。我曾在〈「決策錯誤」比白色恐怖更恐怖〉一文中，提出「購買六千億武器絕不是應有的生活方式」

的看法。

陳總統執政七年，換了六位行政院長。在走馬燈式的換人過程中，糟蹋了人才，錯編了預算，誤用了經費。

因此有人認爲，二〇〇五年春天國民黨前主席連戰的和平之旅，所產生大陸對台灣的善意，已經爲台灣節省了百億的武器自衛；當前政府高層對中共的惡言相譏，一旦敵意升高，即使再增加幾百億的軍購，也不會增加國家安全。

（三）要走正路

決策者可以宣稱：要以不計代價的精神來增強國防，但不等於我們可以不計成本來購買武器。「不計代價」是表示無形的鬥志與決心。台灣若眞要購買新武器，應當是要結合武器購買與技術移轉，借重具有潛力及已有成績的中山科學研究院。這樣龐大的軍事支出，必須要倚靠嚴格的預算

增加台灣安全的方法是竭盡一切力量，化解兩岸的緊張情勢，當然要比購買武器更迫切！

與審查過程。

十年前李登輝的「戒急用忍」，把台灣帶進了一條冤枉的岔路，此刻必須另找正路。這條正路必先要剷除「去中國化」的路障；然後要加快兩岸間的各種鬆綁。政府正以各種軟硬兼施的說辭，要花幾千億去購買軍火，那是一條岔路；與中共和平協商，營造善意，追求雙贏，才是台灣的正路。

第十二章 事業雄心要建立在企業品德上

（一）最缺的不是人才，是人品

在東方社會中，最常聽到的是：「我們缺資源、缺技術、缺資金、缺市場、缺政府的扶植、缺低利的貸款……。」事實上，最缺的是人才，更缺的是人品；反映在企業經營上的，就是缺「企業倫理」（或「企業品德」）。

新加坡前總理李光耀對人才有嚴格的要求。他指出：除了教育程度、分析能力、實事求是、想像力、領導力、衝勁，「最重要的還是他的品德與動機，因爲愈是聰明的人，對社會造成的損害可能愈大。」（參閱《李光耀治國之鑰》第四章）

（二）落實企業倫理

千年以來，「情、理、法」維繫著社會的安定與倫理。與情理法相左的情況出現時，我們稱之爲「寡情」、「悖理」、「違法」。情理法中的「情」與「理」，跟當前大家關心的企業「倫理」（或道德、或品德、或形象）格外相關。

「倫理」（Ethics）在中外的哲學文獻中，可以出現很多嚴格的定義與界限。在本文中，「倫理」（或品德）是廣泛的指陳：

(1)從道德觀點來做「對」與「錯」的判斷。
(2)人際之間的一種是非行爲的準則。
(3)符合社會上公認的一種正確行爲與舉止。

對台灣社會最實用的定義也許是孫震教授所鼓吹的：「倫理就是理當如此，是不該講利害的。」（參閱《人生在世：善心、公義與制度》第四篇，聯經，二〇〇三年）

就企業而言，「倫理」所牽涉的對象有三大範圍：

(1)與產品及業務相關：消費者、供應商、採購者、競爭者、融資者等。
(2)與企業內部相關：會計人員、採購人員、董事、股東、員工等。
(3)與經營環境相關：政府官員與民代、稅務機構、利益團體、媒體、社區。

企業稍一不愼，就可能同時出現多種違背企業品德的例子：

- 如仿冒，侵犯智慧財產權。

儘管台灣社會一直在力爭上游，但到處仍是缺少「品」的例子：商人缺少「商業品德」，消費者缺少「品味」，家庭生活缺少「品質」，政治人物缺少「品格」。

- 如行賄，取得招標。
- 如忽視環保，轉嫁社會成本。
- 如哄抬價格，牟取暴利。
- 如輕視工廠安全，造成災難。
- 如壓低工資，雇用童工、外勞、女性勞動者。

因此，面對這種風險，管理良好的公司，就會訂定嚴格的公司營運準則，與公司的企業倫理。這兩者就構成了愈來愈受到重視的「公司文化」。

具體來說，推動企業倫理，常常會從多方面同時著手：

(1)訂定嚴格的員工「可做」與「不可做」的準則。
(2)設立獨立性的業務督導部門，包括採購、人事、招標、財務、管理等。
(3)高層主管言行一致，以身作則。
(4)加強員工道德訓練與參與。
(5)董事會決策透明化，增設外部董事。

(6)以利潤之一定比率回饋社會（或社區）。

(三) 台積電的例子

二〇〇二年一月，台積電董事長張忠謀在「遠見人物論壇」上做了一場重要演講。其中部分談及台積電的企業倫理，值得摘錄。

張董事長說：

我的經營理念有三個基石：一個是願景；一個是理念；另外一個是策略。

我們的經營理念，一共有十項。首先是「商業道德」，這一點也是我認爲最重要的。其餘的九項分別是「專注本業」、「國際化」、「長期策略」、「客户至上」、「品質」、「創新」、「挑戰性的工作環境」、「開放型的管理」，以及「兼顧員工及股東」。

一個成功的大企業，正如一個成功的人物，其前提必定是符合該社會的高道德標準；由此才能衍生出公衆對這些人物與公司聲譽、地位、影響力的認定。

「商業道德」代表公司的品格，是我們最基本也是最重要的理念，也是執行業務時必須遵守的法則。

所謂「高度職業道德」是：第一、我們說眞話。第二、我們不誇張、不作秀。第三、對客户，我們不輕易承諾，一旦做出承諾，必定不計代價，全力以赴。第四、對同業，我們在合法範圍內全力競爭，但絕不惡意中傷，同時我們也尊重同業的智慧財產權。第五、對供應商，我們以客觀、清廉、公正的態度進行挑選及合作。任何人假使拿回扣，我們非但開除，而且是要起訴的。在公司內部，我們絕不容許貪污；不容許在公司內有派系或小圈圈產生；也不容許「公司政治」（company politics）的形成。

至於我們用人的首要條件是品格與才能，絕不是關係。在我長期的職業生涯中，我發現「好的道德等於好的生意」（Good ethics is good business.）。

（四）雄心與良心

「企業倫理」似乎是一個抽象概念，但常常可以真實地反映社會大眾的評價。

在進步的西方社會，良好的「企業倫理」必是日積月累的努力成果——反映公司領導人對法令規定、商品品質、售後服務、技術創新、員工平等、生產方法、環境影響、社會參與等多方面的重視與參與。

企業倫理與企業形象牢不可分。卓越的企業形象絕不可能只靠媒體上的宣傳、良好的公共關係，以及公開的捐贈而持久。

要贏得消費者心目中良好的企業形象固然不易，但一件意外或者一種過失，可以立刻傷害到消費者對它的信心及支持。

孫震教授說得深刻：「只有在倫理的基礎上追求自利，才會達成公益。企業倫理是根本，利潤是結果。企業遵守倫理規範、創造經濟價值，才會產生利潤。不顧根本只求賺錢，整個社會都須爲之付出代價。」

今天我們所要提倡的是：事業雄心要建立在企業良心上。

第十三章

耶魯最會賺錢的「志工企業家」

——史文遜投資長的故事

《志工企業家》作者大衛．柏恩斯坦（David Bornstein）旋風式地來台演講訪問，帶給了我們很大的鼓舞。他與星雲大師、證嚴法師充滿智慧的對談，以及與陳長文（中華民國紅十字總會會長）、姚仁祿（前大愛電視總監）的同台演講，再度展現：美國社會的可愛，就在於它們終有知識分子，在鼓吹人性中的奉獻與大愛，這就是軟性實力的根源。

很湊巧地，他走後，在台北又出現了一個成就非凡的志工企業家（social entrepreneur）——以企業家的精神，爲非營利事業賺大錢。

（一）為教育賺錢是最有意義的工作

他就是大衛．史文遜（David Swensen），耶魯大學經濟學博士，曾經在華爾街兩間著名的投資公司擔任過資深副總裁，後來被他的指導教授諾貝爾經濟獎得主托賓勸說回到耶魯，擔任耶魯大學校務基金投資長（Chief Investment Officer）。

對任何人來說，都是一個幾乎不可能的決定：他以原來五分之一的薪水回到紐哈芬（New Haven，耶魯校址）擔任新職。

他興奮地告訴住在威州的雙親：「我接受了一個最有意義的工作，去爲教育賺錢；賺了錢是爲了教育，而不是爲那些華爾街的大亨們；我要把耶魯變成一個財力雄厚的長春藤大學。」

他沒有誇口。二十年前接任時，耶魯基金是十三億美元，每年投資賺來的錢，可以支持學校預算一〇％；二十年後，耶魯基金已超過一百七十億美元，每年投資獲利的錢支持了學校三分之一的總預算。耶魯校務基金總額全美排名第二，僅次於哈佛，但是基金二十年來的平均報酬率高達十六％～十七％，成績遠遠超過同輩。因此校園中流行著一個說法：「耶魯有三個不可或缺的人物：校長、球隊教練及基金投資長；但是其重要性要倒過來。」

經濟學大師托賓在耶魯退休的酒會上致詞：「我對耶魯最大的貢獻，是把大衛從華爾街找回來。」站在旁邊的他靦腆地回答：「沒有托賓教授的指導，就沒有決定投資的知識，功勞全在我的老師。」掌聲響起時，他這兩年對耶魯的貢獻是每一年超過二十億美元，相當於六百六十億台幣。

史文遜的人生哲學：所有的智慧不是用來為自己賺大錢，而要為耶魯賺大錢。

（二）為第三世界打開耶魯大門

爲母校投資基金賺錢，他最自豪的是：「沒有一個被耶魯接受的學生——大學生或研究生，尤其來自第三世界，會因爲繳不起學費而進不了耶魯。」他接著說：「走在校園，看見膚色不一樣、性別不一樣、國籍不一樣的年輕人，都能在耶魯接受這麼好的教育，我再也不會覺得賺很多錢是難爲情的！」

如果「世界眞是平的」，那麼他與他的投資團隊（共二十位專家）劃平了通往耶魯這所貴族學校之路。事實上，我們中國第一位去美國讀書的學生，名字是容閎，就讀的大學就是耶魯，在一八五四年畢業。

以這位投資長在投資上的貢獻，如果用其他名校採用紅利分享制度，他的年薪應當是三千四百五十萬美元；但是他堅持年薪不能超過一百萬美元。他說：「一百萬美元對耶魯預算來說微不足道，對我來說已經是很大的數字，我不會接受超過這個數目。」

（三）樂當資本主義的異數

整天在數字中打轉，整年爲耶魯賺幾十億美元的他，眞是華爾街的「叛徒」、資本主義社會中的「異數」。也許正如比爾．蓋茲與華倫．巴菲特一樣：賺錢時就要拚命賺錢，捐錢時就要拚命捐錢。

把他的成就移轉到台灣經濟起飛年代：那就是尹仲容、孫運璿、李國鼎、俞國華、趙耀東等，他們替社會做大事、幫企業賺大錢。他們對國家的重大貢獻，是視爲「應盡的責任」；他們對自己的潔身自愛，是視爲「理所當然」。

史文遜的投資獲利被視爲「天才」，當華爾街的投資者不斷地向他請教時，他決定寫書，把他的經驗「不自私地與大家分享」。他的兩本著作分別是《*Pioneering Portfolio Management*》與《*Unconventional Success: A Fundamental Approach to Personal Investment*》。這兩本書都登上《紐約時報》

排行榜，他把版稅都捐出來。他婉謝很多以幾萬美元邀請他談如何投資的演講，但是選擇性地擔任了非營利事業的獨立董事（如布魯金斯研究所與卡內基基金會）。

當他常被問起：「你怎麼會有這麼重視教育、輕視財富的價值觀？」他的回答是：「我的祖父與父親是一輩子的大學教授，母親是牧師。全家都是基督徒，六個兄弟姊妹都擁有這種價值觀。」有時，他會再補充：「我還有一位使我本來要念數學而後改讀經濟的中國教授。」

他是我三十多年來在威大（University of Wisconsin-River Falls）教過品學最優的一位學生，選過我四門課，全是A。在贈送我的著作扉頁上，他寫了：「是你的教誨，打開了我學習經濟之門。」

當他去年七月底第一次來台北，接受《遠見》獨家採訪時，他也已經五十二歲了；望著些許白髮的他，我充滿了驕傲。聯想到台灣高等教育的預算不足，不禁要問：台灣的史文遜在哪裡？

V

選擇三

承諾（Commitment）

對一個人最大的稱讚，
是在他（她）的墓碑上刻著：
「做什麼像什麼。」

第十四章 見好收，見壞更要收

——當民意及市場脫節時

（一）勝出與淘汰

如果一個現代社會擁有三個條件：

- 嚴格的競賽規則
- 公平的競爭環境
- 優勝劣敗的文化

這個社會就能在人才、創新、科技、產品等方面，不斷出現長江後浪推前浪的壯闊場景，這就會是一個充滿生命力與競爭力的進步社會。美國是當前最接近這個境界的國家。

經濟學上的一個重要法則——比較利益——也就可以在生產因素（人力、資本、技術……）自由移動下，實現人才與企業的勝出與淘汰，使得整個社會可以獲得較高的經濟效益。

近二十年來的台灣，儘管已享有自由、民主與社會流動（social mobility），但使人失望的是，有兩種人對民意的檢驗及市場的裁判反應遲鈍。他們就是選民已經不再有興趣的政治人物，與正在被市場淘汰的企業人士。

（二）「八年大限」

有一些政治人物，一旦有權有位（不論中央或地方、民代或官派董事）就絕不放棄，並且用盡方法戀棧。輸了選舉的，要爭取下一次；任期已滿不能再選的，就另闢戰場；靠各種關係獲得的職位與高薪，就不斷以各種方式（包括政治獻金）回報。這些人物所爭者不是政策與政績，而是人脈與金脈，民主政治變成了分贓政治。理應選賢與能的選舉，居然也會出現「壞」者為「王」，「好」者為「寇」的現象。

另有一些擁有強烈使命感的政治人物，在一次又一次的選舉中，證明自己愈來愈少有選民支持時，還要堅持興風作浪，使得全體人民因此負擔了太多內鬥與偏見的社會成本。以兩岸三通而言，各種民調指出：企業界有半數以上希望實現三通，但是就因極少數人士的強烈反對，至今未通。

辜振甫先生有一句寓意深長的話：「下台的背影要優雅！」徐志摩更寫下了「再別康橋」的瀟灑。

面對「民意如流水」的台灣，政治人物不要再「硬拗」。人生，除了追求政治權力，還有太多值得做的事，以及太多不值得做的事。

他們應當想想：權力再大的美國總統也只能做兩任，做八年。八年之

在全球化的年代，「未來」不追隨「過時」的英雄。他們要認清：夕陽已西下，群衆已消失，掌聲已屬於別人！

中，可以呼風喚雨，但不能爲所欲爲；八年之後，也就不得不變成平民，安於平凡。

也許對任何掌有重大政治權力的人，要有「八年大限」的規定（包括民意代表）。做得好的，八年不算短；做不好的，八年已太長。

近二十年來的台灣社會，受人尊敬的政治人物太少，但還是出現了幾位值得尊敬的大企業家。這些企業家的本領之一，就是能夠掌握市場商機，開拓市場潛力。

（三）失敗是生命的重生

當企業人士全心全力投身於一個事業，面對持續的虧損，當然會想到艾科卡（Lee Iacocca）的《反敗爲勝》（*An Autobiography*）來激勵自己，會借重《執行力》一書的方法來改善企業，會運用傑克．威爾許的《致勝》（*Winning*）中的理念來改變一切。

但極大的可能是：所有這一切的補救都已經太晚了。往下沉的船，已危在旦夕。對一個虧損中的企業負責人，最痛苦的決定就是痛下決心，爲了減少更多的虧損，關門清算。

被譽爲「世紀CEO」的威爾許就指出：「不能賺錢的CEO，第一個就要被裁掉。」

在企業失利中，再苦活、再白等、再讓虧損擴大，對股東與員工，是犯了第二次的罪過。因此，只剩下三個選擇：

(1)承認錯誤，辭職謝罪。

(2)痛切檢討，等待另一次機會。

(3)如果想出可以賺錢的新商業模式，東山再起。

今天台灣社會中充斥了破產邊緣的企業（傳統產業、高科技、媒體、出版業……）。他們在愛面子、不服輸、最後一搏、相信運氣等各種因素相互影響下，就是不肯承認失敗，結束營業。更可怕的是，在破產前夕，有

與民意脫節，就會出現「硬拗」的政治人物；與市場脫節，就會出現死撐的商界人士。

人鋌而走險做出各種犯法與不道德的行爲（如捲款潛逃、詐欺、假帳、假貨……）。他們以爲結束營業，就是結束生命。事實可能剛好相反，結束一個失敗的事業，對個人就是生命的重生；對全社會來說，更可能是福祉的增進。

（四）不能在位置上「永續經營」

社會沒有明快無情的淘汰機制，就無法新陳代謝。單靠「退休」來更新，速度上還是不夠；愈有權力的人（不論是政府或民營企業），做得不好，就要趕快換掉。

國家、社會、企業確實需要永續發展，但是有權力的人，絕不可以在位置上「永續經營」。因爲權力使人腐化、傲慢、貪婪、自私；幸有「富不過三代」的「自然」法則，否則貧富差距會更嚴重。是否社會上更應當出現「權不過二代」的另一個「人爲」法則？

每當我讀到新聞，報導一個政治人物退出政壇，或者一個企業宣布倒閉，我內心是暗暗地為他們高興。當然不是幸災樂禍，而是覺得他們終於做對了一個「三贏」的決定：解放了自己，釋放了機會，增加了資源的流動。

引起社會不安的政治人物，最後的貢獻，就是早日退出政壇！產生虧損的企業人士可以自我安慰：個人的撤退，就是社會的進步。

這眞是一個人外有人、天外有天的年代。

在現實世界中，快走下坡時，善意的忠告是：見「好」就收；已走下坡時，更重要的忠告是：見「壞」更要收。

第十五章 做什麼「不」像什麼

——擴散中的台灣社會病態

（一）做好與做對

過去寫過一篇短文：〈做什麼像什麼〉。文章的第一句話就是：「對一個人最大的稱讚，是在他（她）的墓碑上刻著：『做什麼像什麼。』」

今天會寫〈做什麼『不』像什麼〉，當然是有感而發的。我也會一開始就指出：「對一個人最大的貶損，是身後對他（她）的評價：『做什麼不像什麼。』」

「做什麼像什麼」，就是把擔任的角色做對、做好。做對與做好的關鍵即是專心，即是投入，即是心無二用。台灣社會出現了一些典範：朱銘的雕刻、林懷民的舞蹈、董陽孜的書法、余光中的文學、黃達夫的醫院、陳長文的投入法律教益與公益，甚至鼎泰豐的湯包。

「行行出狀元」的成功，沒有祕訣，就是始終如一、無怨無悔地做什麼像什麼。

（二）言行一致的原則

可惜的是，多元、開放、渙散、分歧、急功近利的台灣社會，出現了太多的誘惑，使人——尤其從政者——難以坐定自己的位置，難以看清自己的角色，難以掌握自己的分量，更難以堅定地說「不」。

社會上似乎很欣賞：一心可以多用的人，稱讚他們的能幹；一手可以遮天的人，渲染他們的膽量；一步可以登天的人，羡慕他們的本領。事實上，這些都不是很扎實能持久的例子，這些人物遲早會眞相還原，變成了「做什麼『不』像什麼」的惡性示範。

此刻的台灣，常見的一個現象就是，角色定位不清，稱呼虛浮誇大：「商界大老」實際是「商場老大」；「民意代表」很少代表民意；「意見領袖」表達的很少是高見；「政治人物」實際上是「操作政治的能手」；「高層人士」就是放話的人；「愛台灣」的人，則又常常做出不愛台灣的事。這些都是「名」與「實」脫節的例子，這也就產生了形形色色「做什麼『不』像什麼」的現狀。有些做得滑稽，有些做得失態，更有些做得令人惋惜。

公衆人物——首長、民代、工商界領袖等——在媒體遍布的時代，最要遵守的、也是最難做到的一個原則，就是言行一致——至少公開與私下的所言所行不能經常相反。

台灣社會亂源之一，即是各界的「大人物」，在公開場合，說的是一套；在私下場合，做的又是一套；分辨不清雙重人格下的真相。他們擅於說大話，怯於做大事，更少大格局。能夠肯定的是：「說」什麼不等於「做」什麼；做什麼又「不」像什麼。

(三)做得不像的三種可能

細分起來，做什麼「不」像什麼，是來自三種可能：

當「做什麼像什麼」融入了文化的核心，這就是一個生命力飛揚的社會；

當「做什麼『不』像什麼」變成了時尚，這就是一個向下沉淪的社會。

⑴角色混淆：公私不分，權責不清；身兼多職，身分不明。

⑵角色錯亂：不僅是換了稱呼就換腦袋，而是換了場合、換了對象就換腦袋。

⑶角色超載：所擔任的職位，遠超過能力與經驗所承載。

以當前多位政府首長來說，常常身兼多種頭銜（角色混淆），常常政務與選務不分（角色錯亂）；最根本的問題是缺少能力與品德，可以勝任首長這個重任（角色超載）。

如以美國總統爲例：

有人幽默雷根：「做演員是三流，做總統是二流，做丈夫是一流。」

有人揶揄卡特：「做總統，做得差；做退休後的總統，做得好。」

有人評論柯林頓：「動人的演說家、善變的決策者、討好的總統、花心的丈夫。」

(四)知識分子要自律

要掙脫困境與沉淪,只有一個藥方:做什麼像什麼——官員做得像官員,民代做得像民代,企業做得像企業,媒體做得像媒體。

儘管今天的知識分子,已經逐漸失去主導社會思潮的力量,但是知識分子還是必須要做得像知識分子。今天愈是擁有學術聲譽的知識分子,愈應當要有自律,對專業以外的各種職位安排,要勇敢地婉辭;對專業以外的各種政策建言,要謙卑地沉默。唯有這樣,才能減少「做什麼『不』像什麼」這種流行病的蔓延。

第十六章 教育創出路，和平造活路

百年來的中國，一直在戰亂中，人民一直活在戰爭邊緣。中國人最渴望的不是贏得戰爭，而是贏得和平。我們的民族性不是好戰、好鬥、好勝，而是和睦、和平、和諧。

二〇〇五年春天，出現一個歷史性的轉捩點。中國國民黨與中國共產黨的領導人連戰與胡錦濤，在北京展開了會談，開啓兩岸和平之門。在解決人類歷史重大爭端中，「啓動和解」的時刻常常比「到達終點」的時間更重要。兩岸關係良性互動的列車已經慢慢啓動，終站的名字叫「雙贏」。它要經過三站，站名分別是「協商」、「整合」與「和平」。

世界上最令我尊敬的兩個稱呼是：教育家與和平使者。可惜在中國的土壤上，百年來出了太少的教育家，更未見過成功的和平使者。諾貝爾設有和平獎，從未有過「戰勝獎」。

（一）教育影響經濟成長

在北京舉辦的兩岸經貿論壇中討論「教育」這個議題，深獲我心。讓我先提出三個放諸四海皆準的觀察：

⑴世界上沒有一個國家，因為教育落後而社會進步的。

⑵世界上沒有一個國家，因為教育支出過多，而財政破產的。

⑶世界上沒有一個國家，因為教育屬於少數人，而全民生活安定的。

因此教育提升，經濟成長，福祉增進，三者的關係牢不可分。我們要努力落實教育立國、科技興國、福祉安國的三大理念。我們還可以進一步指出，進入全球化時代：

⑴資金、科技、商品、勞務與人才，以前所未有的速度，跨越國界，尋求市場。

⑵國際間不再以領土擴張炫耀武力，而以產業版圖在世界市場的占有率展示競爭力。

(3)決定競爭優勢的，不再是有形的疆土與自然資源，而是教育產生的「知識」與企業推動的「創新」。

(4)智慧型產業將躍居領先地位，科技與人文的結合是人類新的努力方向。

當前先進國家所面臨的共同問題，不是缺資金，而是缺人才；不是缺最新的資訊，而是缺成功的教育。因此美國的教育家自責地說：「我們的科技可以登陸月球，但還沒有找到有效的方法，教好下一代。」

隨著教育的普及，拍腦袋的時代已經過去。代之而起的是用腦袋、用人才；借腦袋、借人才。只要對外門戶開放，對內大公無私，一定可以找到優秀人才。

(二)「文化大國」的構思

正如哈佛大學奈伊教授所指出：軟實力的根源來自文化。當二十年來

在人類歷史上，十九世紀出現了「殖民地」，二十世紀出現了「世界大戰」，二十一世紀將以實驗室與學術殿堂取代兵工廠與彈藥庫。

的大陸經濟一直維持著高速成長時，中國會是「經濟大國」，已是不爭的推論。歐美國家通常認爲當前三個經濟大國是美、德及中國；三個軍事大國是美、俄及中國。

此刻，全球華人是否應當提出「文化大國」的願景？二十一世紀的中國擁有潛在的實力與優勢。「文化」是何等博大精深的概念：思想、宗教、藝術、人文、傳媒、建築、音樂、體育、美術、舞蹈、設計、時尙、電影、美食。

筆者不敢對文化大國的內涵及詮釋有所定論，試列舉十項，供大家思考：

⑴中華文化的闡述（如儒家思想、老莊哲學）。

⑵中國語文的提倡（如語言、文字、書法）。

⑶中華文明的展現（如兵馬俑）。

⑷文化資產的分享（如故宮的珍藏、長沙嶽麓書院）。

(5)不同宗教的尊重（如佛教的傳播）。
(6)少數民族特色的凸顯（從方言到生活方式）。
(7)自然景觀的保護（如九寨溝）。
(8)文化產品的輸出（從美食、電影到表演藝術）。
(9)國際明星的培養（在音樂、藝術、運動等領域）。
(10)國民氣質的提升（從國際禮儀到外語能力提升）。

自己沒有看到過文化大國的排名，曾向幾位學者專家請益。他們共同列舉了三個文化大國（沒有排序）：義大利、法國、美國；另外有學者個別推舉英國、日本、印度。

(三) 和平的遠景

一九八九年十二月柏林圍牆倒塌之後的兩個月，美國總統布希與蘇聯領袖戈巴契夫在地中海中的馬耳他島（Malta）召開高峰會議，向全世界宣布：「我們決定把冷戰埋葬在地中海的海底。」

同樣地，二〇〇五年春天兩黨領袖在北京，也已把內戰的舊帳與戒嚴的思維埋葬在台灣海峽的海底。

這使我想起美國著名詩人佛洛斯特（Robert Frost, 1874~1963）一首傳誦當代的詩：The Road Not Taken，頭兩行與最後兩行是：

雙叉道自黃樹林中分出，
遺憾我不能同時走兩條路。

我選擇人跡較少的一條，
自此面對截然不同的前途。

連戰果斷地選擇了一條人跡較少的兩岸和平之路，兩年前的春天，他告訴北大師生：「走對路，才有出路。」

台灣會有輝煌的活路，只要兩岸有持久的和平。

陳總統任期還有幾個月，他還有機會做一位和平使者。和平不是「不可能」，和平是「完全可能」。這就是我從杜拜參訪回來後一再強調的：台灣要把「可能」變「可能」。

第十七章 「白吃午餐」三十年

（一）在台灣與大陸推廣

三十年前（一九七七年五月二十七日），我在《聯合報》發表了〈天下哪有白吃的午餐〉一文，在普遍的共鳴之中，也立刻引起了一些爭論。這個觀念的原始推廣者芝加哥大學教授傅利曼來台訪問時，語重心長地告訴我：「『白吃午餐』在美國提出時也曾遭到詰難。」

當時台灣每人國民所得只有一千三百美元（相當於當前的十二分之一）。社會上瀰漫著克難精神與貧窮心態的延伸——市場要保護、企業要獎勵、人民要照顧、物價不能漲、稅收不能加、補貼不能減、政府要施捨。這是當時社會上一種天經地義的認知，也是在蘇聯受過共產主義洗禮的蔣經國的經濟思維。任何人從國外回來，向這些根深柢固的觀念（或稱「傳統智慧」）挑戰，就會遭到「不知國情」的批判。

十九年後（一九九六年十二月）以《天下哪有白吃的午餐》爲書名的一本文集，在北京三聯書店出版，立刻受到了大陸讀者的注意。

次年四月即以「白吃午餐」爲題，在南京大學、上海交大等五個學府做了演講。我告訴那裡的年輕學子，這個觀念在「鐵飯碗」的保障下，更需要推廣：

⑴什麼事情都要付出成本，世界上沒有不勞而獲的事。

⑵羊毛出在羊身上，不要誤以爲自己可以一廂情願地占便宜。

(3)魚與熊掌不可得兼，必須要在兩者之中做一痛苦的選擇。

(4)追求任何政策目標，不能空開支票，任何政見的兌現必須要付出代價。

(5)即使自己沒有支付，即使這一代沒有支付，也一定有別人及下一代在爲你支付。

如果這個觀念能被接受，政府的求好心就會強，討好心就會弱，中國社會也就愈容易進步。

(二) 大陸崛起與台灣衰落

三十年來，台灣、大陸、四小龍、歐美都有了驚天動地的變化。其中最顯著的對比就是：近十年來，大陸在和平中崛起，台灣在內鬥中衰落。

中國大陸在一九七八年後，以開放與改革推動經濟發展，創造了空前的紀錄。中國大陸已經是：

- 全球最大商品輸出國。
- 全球最多外匯存底國家。
- 全球吸收外資最多國家。
- 以購買力計算，四年內，國內生產毛額會超越美國，領先全球。
- 二〇〇七年全球競爭力，大陸（十五名）首次超越了台灣（十八名）。

（三）「新」白吃午餐者

四小龍中當年虎虎而有生氣的台灣，陷入了空前的困境。三十年前，我希望以「沒有白吃午餐」的觀念，來激勵政府不要做聖誕老人，企業要自己爭氣，人民要自求多福。近年來台灣最大的白吃午餐者與製造者，竟然是高層的政府官員與他們的競選政見！

這些「新」白吃午餐者的特色是：

「白吃午餐」發表已經三十年了，應當讓它變成歷史的灰燼。儘管「新」白吃午餐者依然氣勢逼人，二〇〇八年應當是「V型選擇」的元年，使台灣走上勝利之路。

- 不以政績贏得選票，而以操弄統獨、族群、正名、制憲等意識型態的議題，激化內部的分裂與少數人的情緒，來贏取選舉。
- 再以國家資源與納稅人的錢，不斷對特定團體、特定區域、特定年齡、特定職業、特定產業……補助、獎勵、施惠、製造出社會更多的白吃午餐者。

讓我來描述一些場景：

(1)君不見某些高官、民代與巨商們毫無顧忌地一起揮桿、高歌、豪飲、密商？這是不是可以解釋：大工程就有人關說，大招標就有勾結，大貸款就要靠關係，重要職位就要用彼此偏愛的人。

(2)這已從白吃「午餐」提升到白吃「盛宴」。盛宴之中，他們舉杯豪飲與密商，事實上是醉了是非；更是在同一局中，以國家名位與資源做豪賭，輸掉了公務員的操守與公正、企業家的形象與社會責任。

(3)大家所尊重的是非標準、用人原則、法律規範、道德倫理，受到了空前的顚覆。他們的笑臉出現在媒體，他們的聲音出現在廟堂，他們的影響力出現在府會。事實上，只要有財、名、權的場合，他們無所不在。

讀者請注意：上面這三段的敘述，不是在批判當前的民進黨，而是在一九九七年對當時李登輝執政所做的嚴厲批評（見〈天下快沒有午餐，誰還能白吃？〉，該年五月二十八日《聯合報》）。

三年後的二〇〇〇年，充滿了理想性格的民進黨執政。誰也不會料到，七年來的政績竟然如此地令人失望——口號治國、政策空轉、利益掛鉤、操守掃地。

兩岸關係的僵持，加速了台灣的孤立。全球看到的是：大陸在快速崛起中，台灣已快速地被邊緣化。

選擇四

人才（Talent）

一個完美的現代人要擁有：
科技腦、人文心、中華情、世界觀、奉獻熱。
文中的五位當代人物，雖不是完人，
但有他們特殊的貢獻，值得學習。

第十八章
一位財金首長的高貴靈魂：李國鼎

我們所敬重的李國鼎先生，在二〇〇一年五月三十一日於台北逝世，享年九十二歲。

我的老師顧應昌院士在英文傳眞中建議：「李博士的友人、同事及仰慕者，一定要想出最合適的方式，來紀念這位一生對台灣有傑出貢獻與成就的偉人。」

（一）歷久彌新的貢獻

絕大多數人的貢獻，隨著時光隧道逐漸消失；只有極少數、極少數的人，即使他們在世的時候，其貢獻因時代的見證就已經凸顯。

李氏正是這麼一個難得的人物。他既是台灣經濟奇蹟的創造者之一，又是近二十年來推動資訊科技的功臣，更是提倡第六倫的先驅。他推動改革的領域還包括了教育體制、企業管理、醫療網、社區發展、都市規劃等等。因此，他對台灣的貢獻是繼往開來、歷久彌新。

在今天這個只想出名，不想出力；只想做秀、不想做事的年代，李氏一生的言行，樹立了一個從政者的典範——敢想、敢說、敢做、敢愛。因爲敢想，才能想得遠、想得深。因此李氏就不斷提出新觀念、新政策。

因爲敢說，才能說眞話、說實話。因此李氏不斷地寫文章、做演講。因爲敢做，才能做得快、做得好。如果只敢想、敢說，而不敢做，那只是幻想和清談而已。李氏鍥而不捨地推動開創性且有時具有爭議性的政策（如加工出口區及第六倫）。

因爲敢愛，才能由所信基督教的愛心出發，愛國家、愛社會、愛眾人。他在晚年時沉痛地說過：「我們的價値觀念愈來愈走向『貪』，愈來愈缺少『愛』。」

自從五十七歲（一九六六年）聖誕節受洗後，李氏寫過：「我的生活更有規律，神賜我智慧、勇氣、信心來應付與日俱增的問題。」

很多位旅居國外的我國專家或學者，常常只因爲與李氏見面一次或一席談話，就被他的使命感所感動，而決定回國投資或擔任公職。前行政院長郝柏村說得傳神：「李資政一輩子做的事，就是圖利他人。」

他晚年常舉的例子，就是一九八五年邀請到張忠謀先生來台擔任工業

李氏的「愛」特別包括了愛才、惜才與用才。在經濟與財政部長任內，不斷選送優秀同事出國深造。

技術研究院院長，參與科技研發。對當年李資政的遊說，張先生也直說：「沒有李國鼎，就沒有台積電。」

一九八一年三月所提出的「第六倫」，就是受到責難的一個例子。他誠懇地提出在現代化過程中，「群己關係」建立的迫切。其切中時弊的論點可說石破天驚，立刻得到了普遍的共鳴，但也馬上引起一位黨國元老的公開批判：「我國文化中只有五倫，哪有第六倫？」

李氏對台灣社會的熱愛反映在每一個他所鼓吹的觀念上。這位具有國際視野的資政，希望朝野共同努力，把R.O.C.（Republic of China），提升為文化大國（Republic of Culture），把MIT（Made in Taiwan）「台灣製造」，換成永不沒落的「台灣奇蹟」（Miracle in Taiwan）。

（二）最珍貴的遺產

一九九三年六月，李氏回到離開了四十七年的故鄉與國土。在南京中央大學母校講經濟發展，在北京與朱鎔基先生談台灣經驗。一位北京朋友說：「那次李朱近兩小時的長談，對大陸經濟改革的幅度與速度有深遠的影響。」回台後想與當局報告此行觀感而未如願，使他預感兩岸關係之難以突破。

從一九六九年起，每年暑假我都從美國回到台灣，第一份「顧問」工作就是在他當時主持的「經合會人力小組」。回到美國，總會收到他寫得密密麻麻的航空郵簡，有交代的事，有勉勵的話，充滿了對經濟發展的急切之情。在以後的二十餘年，終有一些時間追隨他參與經濟政策的研究。

他在台灣及國外出版了近十本的中英文著作，發表了幾百篇的中英文文章，是留給世人最珍貴的一部分遺產；王昭明、崔祖侃、孫震、于宗先、葉萬安等多位的參與，功不可沒。偶被問起：「是否參與了某篇文稿的起草？」我的答覆一直是：「誰寫不重要，誰講才重要。」在那一個「官無戲言」的年代，講了就要做到。此刻我要補充：「講不重要，做才重要。」我更要再補充：「做也不重要，做對才最重要。」在專業知識上，李氏是通才中的專才，專才中的通才；在做事做人上，他既「能」又「廉」，既「勤」又「實」。

最後一次見到李資政，是他去世的前兩週，五月十三日的母親節，我受邀參加他家庭中午的聚會。他那天氣色紅潤，獨子永昌、媳婦、孫女環繞身旁，神情愉快，席間還有一位剛從美國返台演講的外甥女黃詩厚教授。她是中研院院士，任教於美國加州理工大學（CIT）。她的先生David Baltimore是CIT的校長，也是一九七五年諾貝爾獎得主，在濾過性病毒研究方面有原創性的貢獻。

告辭時，他送我一本南京東南大學經濟研究所剛出版李資政的書，我回贈「天下文化」最新出版的兩本書：《啓動革命》與《波特看日本競爭力》。李資政緊緊地握了我的手：「你們出了很多好書，要再努力！」

「要再努力」變成了對我們這些後輩們最後的囑咐。

（三）完美的知識人

李氏一生最令人尊敬的還是他擁有高貴的靈魂——無法被腐化的操守、無時無刻不在的大愛、全心投入的專注、從不氣餒的使命感。他在台灣四十年的公職生涯（從一九四八到一九八八，亦即從三十九歲到七十九歲），正就是台灣經濟奇蹟創造的歷程。

國鼎先生生前的貢獻在台灣，身後的骨灰安置在他的故鄉南京。

六年後的母親節，五月十三日的下午，南京豔陽當空，我第一次來到了墓地。它座落在市郊牛首山普覺寺內，國鼎先生與夫人長眠於此。一代偉人的身影，永遠消失在這一片青翠的山麓下。

手中捧了一束鮮花及自己寫的書《反冷漠的知識人》，扉頁上印著：「敬以本書追思李國鼎先生（一九一〇—二〇〇一）。知識人要擁有：科技腦、人文心、中華情、世界觀；在此一年代，還要增加執行力。李先生就是這麼一位完美的知識人。」

第十九章
人間藍海的領航者：星雲大師

（一）值得驕傲的寧靜革命

二〇〇六年十二月十七日晚上，國父紀念館出現了一個歷史性鏡頭：星雲大師在弘法五十七年後，將做最後一次大規模的公開演講。面對現場擠滿的聽眾與全球同步電視轉播的觀眾，他要與一週後卸任的台北市長馬英九對談「出世與入世之融和」。

對談中，大師說：「我來世還要做和尚。」馬市長說：「法律管下游，佛教管上游。」聽眾掌聲如雷。

做為主持人，我在結語中說：「星雲大師剛逾八十，在封山、封人之際，不會封心。他的一生已經改革了佛教、改善了人心、改變了社會，這是台灣島上眞正值得驕傲的『寧靜革命』與『和平崛起』。」

把時間拉回到一九四九年。誰也難以料到一位二十三歲法名「悟徹」的揚州人，來到台灣，身無分文，不諳台語，但腦無雜念，心無二用，他居然開創了另一個「台灣奇蹟」。他講經說法、著述立論、興學育才、推廣實踐，五十年如一日。此刻他的成就幾乎難以概括，即使在文教領域：

四十年前創建佛光山，啓動了「人間佛教」弘法之路；創辦了十六所佛教學院；在美、台創辦了三所大學；在台灣另有八所社區大學，世界各地有五十所中華學校；設立人間衛視、《人間福報》、香海文化出版社及佛光緣美術館；在海外又有兩百多個別分院與道場；自己一年旅程大約繞地球兩圈半；個人獲得的榮譽博士、勳章等超過三十個，包括三個月前輔仁大學贈與的法學榮譽博士。

（二）人間藍海的領航者

自己讀經濟，用我們的言語來探討：星雲大師是用什麼「經營策略」，以及什麼「商業模式」，創造了遍及海內外的「佛光事業」？

更具體地問：他如何把深奧的佛理變成人人可以親近的道理？如何再把這些道理變成具體的示範？又如何把龐大的組織管理得井然有序？又如何能在五十八歲就交棒，完成世代交替？又如何在交棒之後，在海外另創出一片更寬闊的佛教天空？最後，又如何以其願力、因緣、德行，把佛教從一角、一地、一國而輻射到全球？

相識二十年來，一直在思索他的領導模式與管理哲學。他如何能「無中生有」、「一有即無」？他或許會說：「我不懂管理，只懂人心」；「我不會命令，只會慈悲」；「我以出世的精神做入世的事業」；「我相信：捨才有得」；「我相信：有佛法就有辦法」。

二〇〇五年八月《藍海策略》與《星雲模式的人間佛教》兩本書的出現，終於提供了關鍵性的解答。「藍海」不是政治符號，是一種機會無限的隱喻。《藍海策略》一書指出：企業（或任何組織）不可能永遠保持卓越，要打破這個宿命就得脫離「血腥競爭的紅色海洋」，去追求一個完全嶄新的想像空間與發展方向。它不再堅守一個固定的市場，更不能對舊產業緊抱不放；而是勇敢地另建舞台，另尋市場，另找活水，就會在新發現的藍海中揚帆前進。當我們看到任何一個組織（從政黨到企業）不另找活水時，就會一個一個地在一池死水中衰退，終至消失。

開創藍海，要有四項策略：⑴「消除」哪些習以爲常的因素？⑵「減少」哪些不必要的因素？⑶「提升」哪些因素？⑷「創造」市場上尚未提供的因素？(1)與(2)在節省成本，以擴大需要；(3)與(4)在創造「差異化」與「新價值」，以開拓市場。

令人驚訝的是：這個近三年來橫掃企業界的藍海理論早已在大師與他的弟子身體力行下默默地推動：

- 一直在努力開創佛教的「新市場」；
- 與其他宗教常相往來，使「競爭」變得不相干；
- 創造出信徒及社會的新需求，保持領先；
- 以新的事業與願景，維持信徒的熱情及社會的信賴；
- 不斷提升內部人才的培育與外語能力，並且加強內部作業系統。
- 更以不同的說法語言、弘法方式、為教願心、證悟目標來傳播人間佛教。

這樣的用心、做法、效果，不僅符合藍海策略，更超越了藍海策略。因此滿義法師所寫的《星雲模式的人間佛教》，即是人間藍海的中文版、宗

我們應該要分辨：企業所追求的藍海是企業利潤、個人財富與產業版圖；人間佛教所追求的藍海是現世淨土、人間美滿、慈悲寬容。

教版；更正確地說，星雲大師是人間藍海的領航者，已經先啓航了半個世紀。

（三）人間佛教的領袖

這段歷程正可以用來解釋，在台灣與華人世界推廣「人間佛教」的領袖，當首推星雲大師。

我好幾次聽過他對「人間佛教」的解釋：「佛說的、人要的、淨化的、善美的，凡是有助於幸福人生增進的教法，都是人間佛教。」

當人間佛教透過各種方式與活動走進人群、走向國際時，追隨的人——信徒及非信徒——都被他提倡的信念所感動：給人信心、給人歡喜、給人方便、給人希望。他說過：「天下長輩都是我的父母，天下晚輩都是我的子女，天下人都是我的自家人。」

應邀去宜蘭佛光大學參觀時，他對那邊的一幢幢大樓及一草一木如數家珍。我看到了他感恩的心願，當年他的講經弘法就是從宜蘭開始；同時也深刻體會到辦好一間高等學府所要承受的各種壓力。

大師常說：「不怕吃虧，吃虧就是占便宜。」甚至主張：「給人利用，才有價值。」每逢選舉，各路政治人物都要去佛光山，他都熱心接待。

在佛光山的大會客廳中掛過三幅字：「做好事、說好話、存好心」。他說：「每當政治人物來訪的時候，都能看見這九個字。」其他也就盡在不言中了。

除了推展人間佛教，大師近年來最憂心的就是台灣的族群和諧與兩岸關係的發展。近年來，他多次受邀訪問大陸，已經播下了愛心的種子，也已經逐漸產生人心淨化的功能。

他自喻爲地球人。從他的高度與視野來看這世間的一切——大師的四句話是送給天下人最好的禮物：

人生最大的毛病是自私；
人生最大的悲哀是無知；
人生最大的勇氣是認錯；
人生最大的本錢是尊嚴。

第二十章 學貫古今中外的學者：孫震

（一）難得的君子

在我們經濟學界，很難找到像孫教授這樣學貫古今中外的人；也找不到有這樣豐富公職生涯的人；更不易找到像他這樣誠信、謙和、嚴以律己、寬以待人、不居功、不爭名的人。

如果這塊土地上還有君子，孫震教授就是這樣一位難得的君子。

在一九九八年孫教授所著述的《回首向來蕭瑟處》封底，出現了下面這段文字：

民國三十年代末期，本書作者孫震隨父親從青島東渡來台，在台北和平東路上展開一段風狂雨驟的有情人生。伴隨著台灣社會經濟快速成長，他憑著孜孜不倦的努力，在因緣際會之下，從一個撿煤炭的瘦弱少年，成爲以研究爲終身職志的經濟學者，之後接掌台大、出任國防部長。在學術與行政的領域之外，也享受讀書之樂、家人之愛與朋友之情。悠悠歲月已然逝去，回首過往，所有榮辱與悲歡、酸甜苦辣，竟是也無風雨也無晴，一切淡然於心、了然於心。

這段感性的敘述背後，隱藏了太多孫教授四十餘年來對台灣社會的貢獻。在那經濟起飛與學習成長的一九六〇到一九八〇年代，媒體的焦距都集中在孫運璿、李國鼎、趙耀東等幾位首長，但幕後策畫與傳播的功臣之一就是孫震。

（二）對比鮮明的人品

與其他工程出身的財經首長不一樣，孫教授是學經濟的。他會以嚴格的經濟邏輯，貢獻他的論點。一九七〇年代初，書生報國，初試啼聲，即受到層峰的賞識，這使他走上了擔任公職的不歸路。

他的有形成就可以拿他出版的著作及重要職稱來衡量；孫教授眞正的貢獻是鮮爲人知的。他在舞台的幕後，在台灣經濟成長的關鍵時刻，提出過很多重要的自由化政策與理念：包括所提出的「國際化、制度化、民營化」；在台灣轉型時期，他又提出並推動「富而好禮」的社會，與「群我倫理」（泛稱「第六倫」）。

即使在他擔任公職期間，不論多忙，只要是他接受的演講與答應的文

與孫教授相識三十多年中，他似乎擁有三個鮮明的對比：從不炫耀自己，從不吝嗇稱讚別人；有不與人爭的氣度，有據理力爭的性格；個性或內向，思路則豪邁。

章，都出自他自身的構思與手筆，這實在是難以堅持的自律。

十年前，以「無官一身輕」的灑脫，再回到學術界。當再被稱爲「孫教授」時，他變成了一位「自由人」——教書、演講、寫專欄、出國旅行，回到山東老家尋根。他的笑容增多了，評論的範圍放寬了，著述的生產力更是增加了。

放眼當今的台灣，缺人才，但更缺人品。反映在企業經營上的，就是缺「企業倫理」。沒有人，不能做事；沒有人才，不能做大事；沒有人品，不論做小事、大事，都會壞事。

儘管台灣社會一直在力爭上游，但到處仍是缺少「品」的例子。消費者缺少「品味」，家庭生活缺少「品質」，政商人物缺少「品格」，商人缺少「品德」。面對這樣的大環境，《遠見》雜誌與「天下文化」一直在大聲疾呼：企業永續經營的基石，就是企業要品德管理、企業要善盡社會責任。

因此，孫教授的新著《理當如此——企業永續經營之道》問世，眞就是最切中時弊的諍言。全書共九章，近十萬字。正可以很適切地反映出孫教授一生治學的嚴謹、思慮的縝密、價值取捨的分際與對社會進步的憂心。

當這位努力自省、篤行公正的孫教授，寫下了這本以公正為立論核心的企業倫理之書，眞是華人世界的大事。

孫教授生於憂患，憑藉自己的才識與操守，擁有過學術權威（台大校長）、軍方顯赫（國防部長）、科學領導（工研院董事長）的多重光環；在大時代、大風浪、大染缸中，堅守大是大非，公正不阿，做了自己良知領航的大學者。這位淡淡憂思的謙謙學人，做事有大格局、做人有大包容、做學問有大思路。

第二十一章

走在「百元電腦」前面：溫世仁

（一）台灣的「志工企業家」

美國MIT多媒體實驗室創辦人尼勞洛・龐帝（Nicholas Negroponte），的預言將成真：一百美元買到一台電腦；更值得驕傲的是台灣的廣達將是主要供應商。這則全球重視的新聞，特別使我懷念世仁。這位台灣土生土長的偉大「志工企業家」已經去世三年了。世仁與廣達創辦人林百里是台大電機系同班同學，一起創業過，一起築夢過。在追思世仁的兩次紀念會上，百里與我都難掩激動。

設法以廉價的網路科技，來協助低所得家庭與落後地區，縮短數位落差，掙脫貧窮，不正就是世仁在世時於二〇〇〇年七月在甘肅黃羊川村落的實驗嗎？在《溫世仁觀點：中國經濟的未來》一書中，他寫下了這樣的話：「黃羊川是中國西部一個窮鄉，鄉民取水要走二十公里，孩子沒有機會讀書。當電腦、網路和上網技能帶進了黃羊川，孩子們第一次看見了外面的世界。從此以後，晚上，點著蠟燭，讀書；早上，天剛矇亮，還是讀書。一個十三歲的女孩說：『我不想去北京，我要把黃羊川變成北京。』」多麼動人的一幕！

開發中國大西北，有人說要五十年，有人更說：根本不可能。世仁去過黃羊川三次，相信透過現代科技「十年有成」。

因為無能，失去了國運；
因為無知，失去了機會；
因為無動於衷，失去了一切！
這幾句話表達了我近年來對台灣社會的感受。溫世仁不是因為財富，而是因為能力、知識及大愛，使他的身影永遠出現在面前。

（二）創造財富，參與公益

二〇〇四年秋天去英國探訪韓第（Charles Handy）夫婦，他說他正在構思一本「志工企業家」的書，已找到了一些歐美企業家的實例，問我能不能推薦大中華地區的企業家？入選的條件是：

(1)靠自己的本領創造了財富；
(2)已經捐出大量的財富來做公益；
(3)必定還要親自參與這些公益。

當時我腦中立刻想到的就是溫世仁與張明正夫婦（趨勢科技創辦人）。可惜世仁剛去世，明正夫婦正展開他們人生的新歷程。

二〇〇六年十月，韓第夫婦新書《新慈善家》（*The New Philanthropists*）已經問世，裡面描述了二十三位歐美社會令人感動的故事；但沒有一位來自亞洲。

在今天台灣政治上這樣意識型態分裂的社會，幸虧有一些領域（從企業到文化），在某些時空中還能保持獨立與中立。擔任過四年文建會主委的陳郁秀在新著《鈴蘭清音——陳郁秀的人生行履》中，出現了一個生動的譬喻：「鑽石有許多切割面，每個切割面都晶瑩璀璨，相互輝映，台灣多樣性的生態及多元文化，就像鑽石的多個切割面，熠熠發光。」她對「去中國化」有深刻的看法：「文化是加法，愈加愈豐富。」也正如我一再大聲疾呼的：社會愈開放，競爭力愈強。

（三）跨越五道大門檻的新台灣人

世仁則在他的著作及演講中一再指出：「當前在台灣與大陸的年輕人，都站在歷史上最好的時期。」在他去世前的幾個月，三次來我們的「人文空間」，找我與王力行長談，希望一起來為年輕一代辦一本雜誌。去世前還未定案；世仁去世後，我們決定要完成他的付託。這就是創辦《30》雜誌的緣起。現在已進入第三年，眞如想像中的，起步辛苦，但已漸入佳境。

出身於台灣中部一個水電工人的家庭；沒出過國，沒留過學，沒得過博士學位；比他有錢的科技新貴多的是；不喜歡結交權貴，穿著不常戴領帶的普通西裝，出門常不坐公司的轎車，飲食更是簡單；他就像任何一個上班族。

這正是台灣五十多年來經濟成長、教育普及、社會多元中一個動人的見證：憑自己的用功，十八歲考進台大電機系；靠自己的打拚，二十五歲擔任金寶公司總經理；靠自己的膽識，二十六歲就已經去過四十三個國家推銷產品；靠自己的本領，三十二歲變成英業達的一位重要負責人。他在台灣與大陸出版過二十餘本書，多本也譯成英文、日文及韓文。這麼多豐富的著述，是他遺留給人間另一項財富。

幾年前王建煊應邀去英業達演講，講後溫世仁剛好回辦公室。十餘分鐘的短談中，世仁知道建煊在大陸推動愛心教育，立刻主動捐出新台幣三千萬元。事後建煊追述：「很少會遇到這麼慷慨主動捐獻的企業家。」正因爲這筆捐款，位於浙江與江蘇交界的「平湖市新華愛心高級中學」已經成立了三年。由於辦學認眞，已經公認爲一所浙江省的模範學校。

在知識經濟年代，企業家都在尋找利潤可以更高的「新商業模式」，世仁默默地以全球奔波及珍貴生命為代價，構建了一個跨越五道門檻的「新台灣人模式」。

回首十餘年來與世仁的相交，我終於領悟到他受人尊敬的根本原因：那就是他跨越了五道大門檻。

在他豐富的生命歷程中，世仁以自己的言行及著述，

(1)跨越了科技門檻，進入了人文領域，擁有了人文心。

(2)跨越了本土門檻，登上了世界舞台，擁有了世界觀。

(3)跨越了兩岸門檻，走進了中國大陸，擁有了中華情。

(4)跨越了財富門檻，展開了大量捐贈，擁有了奉獻熱。

(5)跨越了「意識型態」門檻，變成了「新台灣人」。

世仁以土生土長「台灣人」的先天優勢，以及在高科技產業中展現的成就，使他無所顧忌地發揮了性格中的獨立創新，並且勇敢地跨越了「意識型態」的門檻，變成了一個敢對兩岸負責人及台灣人民說眞話的「新台

灣人」。

當全球貧窮地區即將受惠於百元電腦，甘肅的黃羊川已經默默地先出發了；因爲它們有一個領路人：溫世仁。

第二十二章

有愛走遍天下：王建煊

（一）從鬥士到烈士

放眼當前台灣政壇人物，使選民失望的太多，使選民尊敬的太少。離開政壇以後的政治人物，受到選民懷念的更是少之又少。王建煊就是一位例外中的例外，稱他爲王聖人，是實至名歸。

大家對他的尊敬，既來自他的「有所爲」，也來自他的「有所不爲」。

從基層科員到財政部長，他不只是消極地潔身自好，更在於他在各個崗位——特別是在財政部長任內——勇於任事。正因爲他在部長任內勇於任事（包括愛心查稅），就遭到財團與黑金掛鉤的上層權力結構的聯手排斥，而終於被迫辭職。

一九九二年二月七日辭職那刻，一位爲廉能政治獻身的鬥士，變成了黑金政治下的烈士。令選民感到正義還在人間的是：在那年年底的立委選舉中，王建煊以全國最高得票率當選。原因無他，選民就是要「好人出頭」。

（二）對付小人要靠好人

多元化的台灣社會，充滿了生命力與創造力。可惜，其所遭受最大的阻礙來自政治不清明、法治未建立、正義受踐踏、貪婪太風行。其結果是小人充斥政壇，好人難以出頭。不幸的是，在握有權力的政治人物身邊，總有小人的侍候與活躍。小人散放謠言，製造傾軋，打擊對方。當小人出現在高層時，就會有「小人誤國」的危機。

對付小人，只有靠好人。

好人不是隨和，就沒有原則；不是心善，就不辨是非；不是沒有脾氣，就隨波逐流；不是沒有看法，就東倒西歪。

「好人」可以分兩種，一種是小市民式的好人，一種是政壇上的好人。

小市民式的「好人」是分布在每個階層、每個角落的那些殷實的、努力的、自愛的、守法的、流汗的、納稅的老百姓。

政壇上的「好人」，也可稱爲「君子」，現在是鳳毛麟角。在過去的財經界，我們會立刻想到孫運璿、俞國華、李國鼎、張繼正、趙耀東、王昭明諸先生。沒有他們，怎會有所謂「台灣經濟奇蹟」？而這些人王建煊都追隨過，也都受到他們的賞識。

與他結婚逾四十年的蘇法昭，是另一位找不到的好妻子。這位獻身教育的國文老師與他一起走過人生的高峰，一峰又一峰，力挺他，心疼他，勸阻他，最後還是依順他。

（三）愛心辦學

從台北商職前後期同學認識開始，已達五十年，但一直是君子之交。

近年來，王建煊夫婦成立了「財團法人愛心第二春文教基金會」，奉獻的舞台已經從台灣的內湖社區大學、敬老院、失智老人、洗手運動、無子西瓜俱樂部等，擴大到大陸去辦愛心中小學。

前年十一月我代表王建煊的基金會，參加兩所愛心小學的落成典禮。一所在黑龍江省牡丹市的溫春鎮共榮村；一所在重慶六十公里外東南邊的長壽區。

那天上午在操場上的落成典禮中，看到了近兩百位同學、老師及樸實的農民家長親友們的激動。

「邪惡」可以當頭；「貪婪」可以風行；「仇恨」可以製造，這些都是歷史與文化長流中的泡沫，只有信、誠、廉、愛可以永恆。

四位高班小學生朗誦出了這樣的對話：

獨白：爲什麼在這平凡的日子裡，我們卻奏起激昂的鼓樂、鳴放喜慶的鞭炮？

合唱：是海峽兩岸、骨肉親情的讚歌在這裡共鳴。

獨白：爲什麼今天山村學童的臉上綻放著如此燦爛的笑容？

合唱：是台灣「愛心基金會」的捐款，讓我們走進了嶄新的校園。

晚上在旅社中，記起了十五年前在浙江西部山區的小學，見證了那心酸的描述：「泥巴桌子泥巴牆、泥巴墩子泥巴樑。前無門、後無窗，白天作教室，晚上關牛羊，學校學校不像樣。」

我想起了杜拉克的話：「我不知道成爲有錢的死人，有什麼意義？」

（四）寧可做義工

王建煊是言行一致的君子。近年來他們夫婦花較多時間在浙江平湖新華愛心高級中學，辦學三年已經變成了模範中學，學生已近三千位。令人感動的是他們夫婦所推動的「撿回珍珠」計劃——「把丟進垃圾桶的珍珠撿回來」，也就是幫助成績優秀、但無力升學的國中畢業生就讀。只要台幣六萬，就可幫助一顆珍珠讀完三年高中。善心人士，蜂擁解囊。現在已有一四一顆珍珠在那裡就讀（另外尚有二〇九個捐贈名額在尋覓珍珠）。

一年前我們幾個朋友一起去看「珍珠」。看到他們的好學、健康、信心、笑容，十分感動。午餐時，就與他們一起共用幾元人民幣的自助餐，乾淨而豐富，遠遠勝過當年讀大學時的伙食。分手時，我那顆珍珠輕聲地問我：「高爺爺下次什麼時候再來？」

二〇〇六年十二月，在香港的一個國際基金會的董事會上，他直說：

我感到做一個來自台灣的中國人，那種血濃於水的驕傲。在遙遠的土地上，透過王建煊夫婦的安排，台灣的愛心人士，點燃了東北孩童的希望火種。

「我們以後不需要在這種五星旅館開會過夜，省下的錢可用來幫助大陸的愛心小學。」他接著更激昂地說：「基金會每年用相當多金額資助香港與大陸名校的大學生與研究生，爲什麼不能也用一些錢來幫助大陸那些貧窮的中小學生？」另一位董事是美國著名大學的校長，他立刻呼應贊同。最後通過了贊助兩百顆珍珠計劃，協助貧困孩子升學。那天我擔任主席，有一些成就感。

一九九八年陳水扁、馬英九、王建煊一起選台北市長。投票前夕，有朋友說：「把票投給馬英九，把愛留給王建煊。」八年前當選的馬英九已做完市長，此刻要選總統；八年前落選的陳水扁，已經做了快七年的總統。另一位候選人王建煊，則在兩岸奔波做義工：頭上有一片天，心中有一片愛。兩個月前國民黨要提名他當監委，他「寧可做義工」。

浙江平湖新華愛心高中的校訓是王建煊手訂的：「有愛走遍天下」。從創辦人的身上，我們看到他在兩岸做了最好的示範。

選擇五

開放（Openness）

開放是指「有秩序」的鬆綁。它必定要有嚴格的遊戲規則、社會紀律，人人遵守的法治，以及彼此平等尊重等因素配合。開放社會（如美國）最能吸引到頂尖人才、最新科技、巨額資金、新穎產品、多元資訊，這就是「開放社會」的奇妙。台灣離「開放社會」還有很大的落差。

第二十三章

應變：「改變」中求「改善」

——引申包熙迪與夏藍新著

「『我看出風暴將至，現行計劃該大幅修改了。』講這句話的領導人該獲頒獎牌。」

「變革絕非從天而降，做好準備才能應變。」

「能夠做到永續經營才算是眞正的領導人才。」

——引自包熙迪與夏藍接受「天下文化」專訪

（一）人類的躍進

面對千變萬化的現實環境，以「不變應萬變」的傳統思維與僵硬心態，早應化成灰燼。在微軟比爾．蓋茲所追求的「速度」世界中，「應變」成了唯一不變的求生獲利的「眞理」。

沿著歷史的隧道，百年老店消失了，風光一時的CEO解聘了，新的「名牌」一個接一個出現了；甚至帝國崩潰了，同盟瓦解了，翻雲覆雨的政客消失了。

是那些飽經戰禍的歐洲領袖，他們設計及推動了偉大的歐盟；是那些無拘無束的年輕一代，他們開創了新科技的矽谷；是那些勤奮的中小企業與過去無私的政府首長，他們共創了台灣經濟的奇蹟；他們在關鍵時刻，都做對了「應變」。

這就證明：只要有「改善」的決心與「應變」的能力，人類還是有機會可以不斷地躍進。

達爾文的「適者生存」學說：就是在指出「適者」需要具有「應變」的能力。如果「適者」才能生存，那麼「變者」就能獲利。

（二）四個歷史性應變的例子

先讓我們來回顧上個世紀，四位領袖「應變」成功的例子。

一九三〇年代在全球經濟大恐慌中，美國羅斯福總統以「百日新政」（The New Deal）應變，挽救了崩潰中的資本主義。

一九八〇年代英國首相柴契爾夫人，以「民營化」及「減少政府干預」應變，爲英國經濟注入了新活力與新方向。

一九八〇年代雷根主政，面對核武強大的蘇聯及國內經濟的欲振乏力，他以增強國防實力與大量減稅「應變」。雖然這些政策仍有爭論，但他

任何一位政治領袖採取「應變」的動機難以確定；但「應變」後的效果，則容易評估。

「應變」的勇敢與魄力，令人稱道。

一九七八年中共領導人鄧小平以「改革」、「開放」應變，爲中國人民開拓了一條完全嶄新的道路，使大陸經濟起死回生。因此大陸流行這句話：「毛澤東使人民站起來，鄧小平使人民富起來。」

同一時期，經國先生面對劇變中的國內政情，展開了一連串的改革，包括開放報禁、黨禁及兩岸探親，變成了台灣人民最懷念的政治領袖。

（三）裁一個、救一萬

如果「應變」是那麼的關鍵，爲什麼企業領袖或政治領袖不肯「應變」？這就涉及這些領導者是否具有兩個本領：應變的「意願」與應變的「能力」。

缺乏「應變」能力的組織（不論是政府、政黨、企業……），都犯了四個共同的毛病，關鍵都出在領導人的惰性、膽小及「一成不變」上。

(1)領導人過分自信，面對報喜不報憂的資訊，都信以爲眞。

(2)領導人被周邊小人包圍，出現各種理由來拒絕應變。

(3)利益團體與有權力者結合，共同以各種堂皇說辭，反對改革。

(4)領導人小心翼翼爲求自保，不敢擔負改革風險，形成「以拖待變」的鴕鳥心態。

> 因此，我不免要誇大地說：組織的成功是來自組織內的全體員工；組織的失敗，則來自領導者本身的缺乏應變能力。面對大量裁員，美國公司中常常出現獲得員工喝采的聲音：「裁一個無能的CEO，就可以保住一萬個工作機會。」

（四）CEO之難為

面對排山倒海而來的變化，大企業負責人（以CEO稱之）的壓力大、責任重、處境難；當「變化」難以捉摸，導致業績及股價無法上升或穩定時，CEO就變成了替罪的羔羊。

二〇〇二年，接近四〇%的美國CEO被解聘，淘汰率較二〇〇一年增加了二五%。一九九一年代，CEO的解聘率較之一九八〇年代要高出三倍。高位、高薪、高風險，即在指出CEO要有本領處理各種變數。

歸納來說，一個擁有高度應變能力的CEO應該：

(1)要能掌握住組織內部的速度、創新、透明及市場上對手的實力。

(2)是一個處理風險的高手；這些風險包括利率、信用、價格等變化及政府政策改變可能造成的影響。

(3)要能洞察科技的變化，並且能夠創造價值，贏取顧客。

(4)具備執行力、謙卑及品德。

（五）包熙迪、夏藍的新著：《應變》

繼二〇〇二年出版《執行力》變成全球暢銷書後，兩位再度合作寫了這本《應變》（*Confronting Reality*）。美國《商業週刊》書評中，誇讚本書尤勝於《執行力》。

他們在接受「天下文化」編者專訪中坦白地說：「要是三年前我們能預見，『應變』的課題實在不容忽視，就會先寫本書，再寫《執行力》。」

爲什麼會這樣呢？兩位作者進一步指出：《執行力》教讀者如何發揮「經營模式」（business model）的效力；《應變》則在幫助讀者構建「經營模式」。「構建」應在先，「執行」應在後。

「應變」的重要性大家已熟悉，但「如何」去應變？本書的答案就是要透過經營模式的分析，這也是本書的新貢獻。兩位作者不斷以經營模式中的三大核心因素，來評述美國大企業「應變」的成效，十分具有參考價值（參閱【圖一】）。

當讀者看到所列舉出的一些問題時，就漸漸能了解「應變」就是要來處理這些問題：

- 你的企業營運不錯，然而你個人的成績平平，問題何在？你的策略、產品、技術、物流、人事與組織等環節有什麼問題？
- 要是你的企業毫無起色，你該做些什麼來扭轉？哪些生產創新方案能提高競爭力？
- 你提出的策略是否有足夠財務資源來推動？
- 你的營運活動表現如何？這些營運活動是否顯示你的策略獨到，並能達成一項或多項財務目標？

圖一　應變的三大核心因素

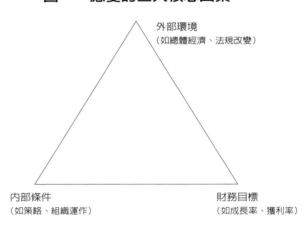

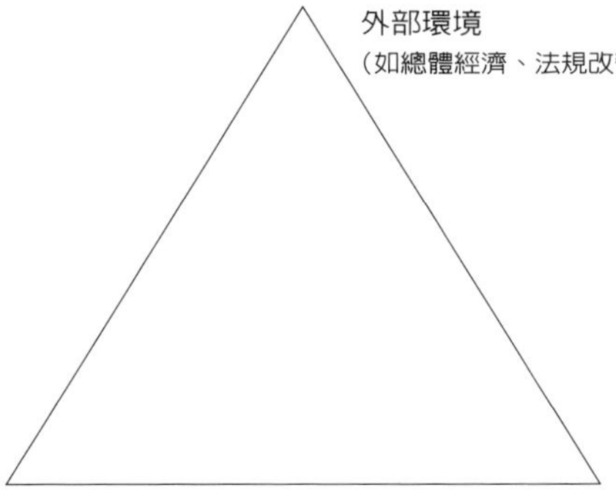

- 創新方案推動初期，有沒有適當人選來執行？
- 你的企業遭遇何種阻礙以至於無法達成目標？例如，爲何競爭對手獲利較佳？爲什麼你的組織要推一項新產品總會花較多時間？
- 你致力推動的成長方案是否正確？想要超前同業，須具備哪些優勢？

（六）結語

「應變」不是一項心智的演練，更不能紙上談兵；「應變」是面對變局，要切實地思考、規劃、推動、執行、評估，然後產出良好的結局（參閱【圖二】）。

包熙迪與夏藍這本新著的貢獻，即是平實地告訴讀者：如何從分析外部環境、內部條件、財務目標三大核心因素中，採取適合自己企業的對策。書中引用的實例，都是大家熟悉的美國大企業，讀來很親切，就如合著的《執行力》一書，兩位作者的思路清晰、文字簡潔。

當前台灣正處於混沌的大變局中，「應變」對政治領導人是「適者才能生存」；對企業領導人是「變者才能獲利」；對全體人民來說，「應變」就是從「改變」中求「改善」。

圖二　應變時機的選擇

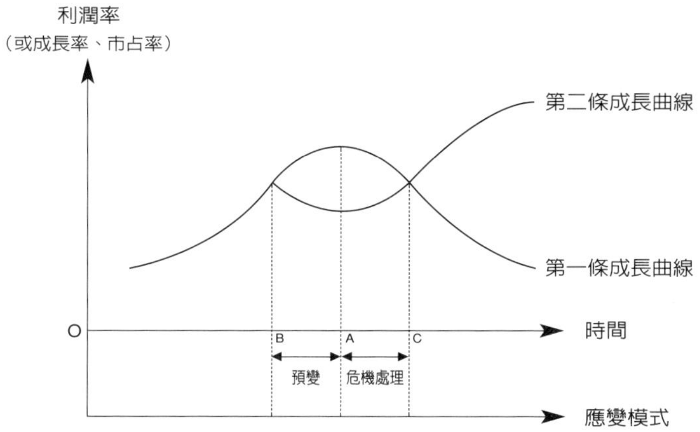

(1)理想的應變：預變
　當利潤在到達最高點OA之前，即發展「第二條成長曲線」。
(2)危機產生後的應變：危機處理
　公司利潤率下降，變成OC線，再採取措施，就變成了危機處理。
(3)《應變》提出如何利用經營模式的三個核心要素來應變。

第二十四章
柯林頓的觀點：「與人共舞」

二〇〇五年中共人大對「反分裂國家法」的審議，又觸動了台北最敏感的政治神經。事實上，「維持現狀」當然就不會觸及「反分裂國家法」中的任何一項「紅色底線」。台灣的當務之急，不要再做政治內耗，而是抓緊時機，全力厚植經濟優勢，不被邊緣化。

從這個新發展的情勢來看，二〇〇五年來台訪問二十二小時的前美國總統柯林頓，留給了台灣一句珍貴的話：二十一世紀的特徵是「全球性的相互依存」——「與人共舞」，甚至與「敵人共舞」。

現代人沒有人不知道貿易（國際貿易）的重要。貿易的源起與拓展，就是植基於一個最基本的現實：人與人之間、地區與地區之間、國與國之間是相互依存的。因此，彼此之間的生產因素（如人才、資金、技術）必須透過交易、移動、競爭、合作、聯盟等方式，使各方共同獲利。

柯林頓演講那晚（二月二十七日），最應當坐在第一排，仔細傾聽的就是那批贊成「戒急用忍」的官員。自一九九六年李登輝提出「戒急用忍」，幾十萬台商就遭受到各方面的限制與歧視。二〇〇〇年陳水扁執政後的「積極開放、有效管理」，是進一步的緊縮。令柯林頓詫異的是，兩岸儘管有這麼多限制，兩岸經貿上的往來則是愈來愈密切。這正說明了柯林頓在演講中所指出：「由於海峽兩岸經濟非常活躍，兩岸商界人士有足夠的本領，如果沒有政客把它搞糟的話，您們會解決問題的。」

當兩岸一再無法開啓協商之門時，歐美的政治領袖與學者就不斷以歐盟爲例告訴台灣：「政治不能解決的，經濟可以！」「相互依存」放在兩岸經貿上，就是一些學者們所提倡的「經濟中國」。地區上，它包括了大陸、台灣與港澳；實質上，它有四股力量默默地在催生。

⑴國際貿易上比較利益法則帶給彼此的經濟利益。

⑵經濟資源整合帶來「雙贏」的吸引力。

⑶經濟雙贏遲早會替代政治上的零和遊戲。

⑷區域經濟擴大中，彼此既需要建立夥伴關係，也需要與「敵人共舞」。

正因為兩岸經濟資源整合所帶來的共同利益，尤其對台灣，是如此的一清二楚，即使在政治光譜上居於不同區塊者，從許文龍、張榮發、到施振榮、高清愿、王永慶……沒有不贊成要趕快三通的。

放眼戰後的新興國家經濟發展，幾乎可以整理出一條通則：把政治歸政治，經濟歸經濟，這個國家的經濟就虎虎有生氣。反之，把政治上的意識型態用來控制經濟活動，這個國家的經濟一定陷入困境。台灣經濟發展就提供了正面與負面的實例。

把各國之間的「相互依存」再往上推展，那就是人類之間的「相互共享」。「共享」比「依存」更有格局與愛心。我們甚至可以說：二十一世紀的上半葉，人類應以「相互依存」啟航；二十一世紀的下半葉，人類應以

人類歷史亦一再證明：阻擋經濟活動的政治勢力，最終都不得不在經濟勢頭下低頭。

「共同分享」來歸結。

卸任後的美國總統柯林頓回到母校耶魯大學，做了一次他認爲離開白宮後最重要的演講。他強調三個理念：相互依存、整合、世界宛如社區。這次「台灣民主基金會」付給柯林頓的演講費據說是台幣八百萬元，讓我們再聽一次他已經發表過的觀點，或許有人會責問：値不値得？

能敲醒政客們小格局腦袋的，就是這種大格局的、會念經的「洋和尚」。在相互依存的國際大氣候中，「戒急用忍」的僵硬思維早應被替代。果真當局的兩岸政策能因柯林頓之言而鬆綁，則台商們節省下來的成本與時間，何止是八百萬台幣的千百倍？

一個常識性的觀點，經由前美國總統的倡導，正可用來搬移阻擋兩岸相互依存的大石頭。大智慧啓動大覺悟，八百萬台幣的代價是何其便宜！

第二十五章

「藍海策略」的時代來臨

——千山獨行、商機獨創、利益共享

任教於歐洲商業管理學院（INSEAD）的金偉燦博士與莫伯尼博士，寫了一本重要的書《藍海策略》，引起了各國讀者的熱烈回響。

（一）從紅海競爭到藍海策略

一九九〇年前後，是二十世紀人類歷史上一個重要的分水嶺。一九八九年柏林圍牆倒塌，解放了東歐人民的生活方式；一九九一年的蘇聯解體，證明了以市場經濟爲核心的資本主義，終於獲得了全世界的肯定。順著這條道路前進，從今以後，人類的命運就能擺脫貧窮，走向小康。經濟起飛中的中國大陸，就是一個例證。

當市場經濟的運作席捲歐亞大陸時，「競爭」就變成了天經地義的遊戲規則，也變成了企業優勝劣敗的最終裁判。這就是爲什麼一九八二年《追求卓越》一書在美國出版後，立刻引起轟動；因爲每一個企業都想變成「卓越」，變成另一個IBM、3M、惠普。在二〇〇四年的新版中，兩位作者又重複指出了卓越企業的八大特質：採取行動、接近顧客、自主和企業精神、靠人提高生產力、親身實踐、堅守本業、組織單純、寬嚴並濟。

對有些企業，比「追求卓越」更現實的是「打敗對手」。這也就是爲什麼在一九八〇年代中，出現了哈佛大學教授麥可．波特（Michael E. Porter）的「競爭論」與「競爭策略」等相關學說。

被譽爲「世紀CEO」的傑克．威爾許於二〇〇五年初出版了《致勝》一書，也立刻洛陽紙貴。他反覆提出：「贏」才是眞正的「偉大」。

（二）「價值創新」的提出

每隔一段時間，總會有一些突破性的觀念與做法，出現在學術界與企業界。

社會的進步就是靠這些突破性的觀念出現。「天下文化」近三年來出版的《執行力》、《應變》、《重新想像》、《致勝》等書，就是在介紹這些重要的新觀念。

此刻我推薦《藍海策略》原因有三：

(1)這本書的立論是根據百年以來三十多種重要產業、百多件策略個案研究分析所獲得的結論。它是一本理論與實證相互融合的著作。

(2)他們的研究指出：企業不可能永遠保持卓越，打破這個宿命的策略，就是要創造無人競爭的市場空間。它刺激企業去追求一個完全嶄新的想像空間與發展方向。

(3)面對市場競爭時，藍海策略是要打破傳統思維，追求「價值創新」，不僅拋棄對手產生「替代」效應，更能對消費者產生「另類選擇」。它鼓舞企業要攀登新的高峰。

「藍海策略」就是要做「價值創新」（value innovation）。「價值」和「創新」同樣重要；創建藍海成敗關鍵並非尖端科技的創新，也不是「進入市場的時機」，而是「創新」和「實用」、「售價」和「成本」兩組的密切配合。

在訂定藍海策略，兩位作者提出了「四項行動架構」（four actions framework）：

(1)「消除」哪些產業內習以爲常的因素？

(2)「降低」哪些因素應降低於產業標準？

就在此一時刻，一個新的學說——「藍海策略」——出現在西方世界。那就是「脫離血腥競爭的紅色海洋，開創藍海商機」。

⑶「提升」哪些因素應高於產業標準？

⑷「創造」哪些產業尚未提供的因素？

⑴與⑵在節省成本，擴大需要；⑶與⑷在強調「差異化」與「新價值」，提升產品價值。

與血流成河的紅海策略相比，藍海策略的特色有五：

- 開創沒有競爭的「新市場」；
- 不與對手競爭，使「競爭」變得不相干；
- 創造出新的需求，並透過成本控制，追求持續領先；
- 同時追求顧客所能獲得的高價值與產品的低成本；
- 調整整個公司的作業系統，給新策略完全的配合。

(三)「藍海策略」的實例值得學習

本書的實用價值應當廣泛地推動到各個領域，以及各種不同的生活層面。

讓我們列舉一些身邊的例子：

(1)《新新聞》分析馬市長，當時是以藍海策略非傳統方式，贏得了國民黨主席的選舉。

(2)新竹交大以提供赴國外名校進修的機會，爭取優秀新生。

(3)統一的7-ELEVEn，提供二十四小時及全年無休的服務；誠品的不打烊書店、博客來的網路書店、「康熙來了」的節目、《空中英語教室》的內容……，都呈顯了「價值創新」。

(4)宏達電、三星科技、神達電腦、明華園歌仔戲團、福特集團的馬自達、壹咖啡，這些受到顧客喜愛的產品，正是「藍海策略」的台灣見證。

讀完《藍海策略》一書的眞正考驗，在於能否在企業或組織內，產生股新力量，變成「價值創新」的具體行動，駛向藍海。

這會是一個充滿冒險、挑戰、以及豐收的航程；因爲千山獨行、商機獨創，但結果則是利益共享。

第二十六章 展現第二波生命力：「學習型台灣」

（一）「學習」才會贏

二十一世紀初的台灣，願景既模糊，前景又不定。對岸有中國大陸的急速興起，島內則有國家認同的錯亂，外有全球化帶來的劇烈衝擊。雪上加霜的是，今天的台灣，經濟實力在走下坡，教育品質在走下坡，社會安定在走下坡，政治改革更在走下坡。隨之而來的當然是：投資減少、失業增加、貧富擴大、人心不安。

面對台灣社會的沉淪，我提出過「讀一流書、做一流人、建一流社會」的理念。三年來又與企業界及學術界共同強調執行力的重要——沒有執行力，哪來競爭力？

近月來又再細讀彼得．聖吉（Peter M. Senge）的著作《第五項修練》（*The Fifth Discipline*），以及兩冊「實踐篇」，我終於笨拙地發現：台灣各界此刻最需要的就是「學習型組織」（learning organization）。儘管他的理念與實踐，主要是用在美國的企業，但一樣可用於政府部門。

學習「學習型組織」，是一種上進的態度、一種科學的方法、一種理性的執著；不涉及到黨派立場或意識型態，因此應當立刻被我們政府、企業、學校等機構所擁抱。如果「愛拚才會贏」，是反映傳統的「匹夫之勇」；那麼「學習才會贏」，是凸顯現代的「知識之美」。

(二) 去除七個學習盲點

把「學習型組織」用到企業及其他機構，是麻省理工學院史隆管理學院「組織學習中心」主持人彼得．聖吉及他的團隊所做的突破性貢獻。他的成名作《第五項修練》是在討論學習型組織的藝術與實務，被《哈佛商業評論》評為「最具影響力的管理著作」，中文版已由「天下文化」出版。

我們所鼓吹的「學習型台灣」，其基本理念與架構主要來自「第五項修練」。

爲什麼我們要在此刻做這樣的鼓吹？因爲分配政府資源的、分散人民注意力的、分化社會共識的、分裂國家認同的這些原因與毛病，難以置信地全都出現在這本書中的第一部：「全面檢驗你的組織」。

要「學習」就要先去除「學習盲點（或障礙）」。彼得．聖吉寫得好：「學習盲點對孩童是悲劇，對組織是致命。」他提出的這七個盲點，居然直指台灣企業再造的痛處，以及當前各種施政上的缺陷：

(1)本位主義。

(2)歸罪別人。

(3)缺乏整體思考的行動。

(4)專注於個別事件。

(5)對緩慢而來的致命威脅視而不見。

(6)經驗學習的局限性。

(7)高估管理團隊的效率。

思考當前公共政策領域中的重大問題：教改爭論、兩岸直航、貧富差距、失業困境、國家認同、企業出走、財政赤字、銀行呆帳、利益輸送……，全是因爲犯了上述的一個或數個盲點：如本位主義、歸罪別人、高估管理團隊效率。因此，參與學習型組織，學習者就必先要克服與修正這些習慣性的智障。

（三）五項修練

彼得．聖吉所提出的五項修練，就是構建學習型組織的五項能力。「能力」也被稱爲「修練」（discipline），代表在組織中的個人與團隊要終身去學習與去實踐。五項修練彼此影響，但第五項系統思考的修練最爲重要，列舉如下：

(1)**追求自我超越**（Personal Mastery）。
(2)**改善心智模式**（Mental Models）。
(3)**建立共同願景**（Shared Vision）。
(4)**參與團隊學習**（Team Learning）。
(5)**推動系統思考**（Systems Thinking）。

要深化這些修練，當事人必須要經過組織的學習與訓練：全心的投人、行爲的改進、相互的激勵、團體的演練。

（四）台灣的進步之鑰

如果我們把任何一項修練與台灣的現實相對照，就立刻發現，「學習型台灣」正是解決問題的好處方。

如果組織中的領導人（從政府首長、民意代表及企業領袖）在追求「自我超越」或能夠改善「心智模式」，台灣社會怎麼可能會出現這麼多沒有政績與沒有業績的組織？怎麼可能在台灣會出現這麼多的自私、好鬥、作秀、犧牲公眾利益的公眾人物？怎麼可能在台灣企業中出現做假帳、內線交易的大公司，爲了虛增利潤犧牲了公司治理原則？

在企業組織裡，如果大家眞擁有了五項修練，那麼台灣企業的競爭力就一定可與先進國家抗衡。尤其當公私部門都培養了「系統思考」的習慣，那麼重大決策就不會顧此失彼，引發後遺症。

如果缺乏這五項修練，如果沒有「學習型組織」，我們要問：台灣的未來在哪裡？現在終於找到了台灣進步之鑰：展現第二波生命力，來構建「學習型台灣」。

要擁有五項修練，企業與政府都必須投入大量的經費與人力，個人也要投入大量的時間與心血，而且各方都必須還要有耐心，才能看到成果；但這會是對個人與社會最重要的投資。

V

選擇六

兩岸和解（Reconciliation）

一九九六年，李登輝推動的「戒急用忍」，所產生的惡果是：對經濟成長是「十年失落」；對企業家是「十年愁城」；對台灣人民是「十年對立」。兩千三百萬人民已經付出太慘重的代價！

十年後，決策階層在心態上要放掉「去中國化」的偏執；在政策上要加快兩岸間的各種鬆綁。全球化的列車早已出站，脫班的乘客，只能在月台上嘆息遙望！

第二十七章
用杜拉克的「八個方法」改善兩岸關係
——如果政府高層決策者像企業CEO

（一）杜拉克又得麥肯錫獎

二〇〇四年六月在《哈佛商業評論》讀到彼得·杜拉克的六頁文章，題目是如此地簡單、清晰而又動人：「What Makes an Effective Executive?」

筆者在《遠見》的七月號介紹了這篇文章。

《哈佛商業評論》次年四月宣布了第四十六屆麥肯錫論文獎（McKinsey Awards）。麥肯錫論文獎是頒贈給「提出卓越管理思想者」。本屆有兩位得主分享首獎。彼得・杜拉克即以上述這篇文章獲得他第七次麥肯錫獎，這眞是一位學者極高的榮譽。天下文化出版過杜拉克的《21世紀的管理挑戰》（*Management Challenges for The 21th Century*），曾於二〇〇一年在台灣獲「金書獎」。

他的得獎感言是：「我希望我的書能幫助新一代的台灣經理人及企業家，成功地掌握社會的轉型。」

《遠見》二〇〇五年一月號的「大師論大師」專題中，英國管理大師韓第在BBC廣播節目中評論杜拉克時，開宗明義的第一段話就是這樣說的：

凡是現在當紅的管理概念，彼得・杜拉克大概早就都討論過了。隨你任選一個例子，很可能早在你出生之前，杜拉克就已經寫過有關那個觀念的文章。如果要列出一些管理思想家的名字，也就是我們所謂的「管理大師」，杜拉克必定高居首位。

(二) 用杜拉克邏輯來改善兩岸

如果我們政府的高層決策者就像企業的高層主管一樣，要做一位有效率的、有績效的領導人，那麼重溫杜拉克去年提出的「八個方法」，一定會比我提過的「八個觀念」更能「改善」台灣。先做一個假定：政府的決策是眞心誠意地要改善兩岸關係，推動三通，增加交流，減少軍備支出。那麼讓我們按照杜拉克的「八個步驟」逐一來討論。

(1) **決策者首先要問：「需要完成什麼？」**

在當前全球化的劇烈競爭下，台灣已經無法孤立於大陸市場之外。事實上，近兩年對大陸超過五百億美元的順差是重大的良性發展。

最簡單地說：整合兩岸資源，改善兩岸關係，以及推動三通，是台灣企業求生存、求發展的關鍵因素。否則，奇美的許文龍先生怎麼可能會寫出那樣的信？因此，改善兩岸關係是最優先的政策選擇。

(2)決策者再問：「這樣做對我們有什麼好處？」

兩岸資源整合的良性發展，才可避免台灣被邊緣化。這幾年來，企業家們都知道：資金已經跑了，訂單已經走了，工廠已經結束了，總部的軀殼還留在台灣，心思早已遠離了。

(3)決策者說：「那我們就要採取行動。」

如果「改善兩岸關係」是眞心誠意的，那麼就要眞心地去做；如果是「玩假的」，那台灣就只能持續沉淪。

「眞」的做法實在不難。前有扁宋「中華民國是最大公約數」的共識，後又有江陳（江丙坤與陳雲林）的十點聲明，再加上國民黨主席連戰要去大陸溝通，執政黨只要尊重主流民意，順水推舟，等待收割。

(4)決策者說：「我們要對決策負責。」

政府的權力很大，但是績效很差。

最好的辦法：就是做「對」的決策，負該負的責任。不能讓錯誤的決策，完美地執行。

(5)決策者要「對所採取的決策向各界溝通」。

在媒體時代，決策者要花時間與耐心，向政治光譜上的極端分子勸說。政治人物最重要的兩個本領就是：溝通與執行，缺一不可。溝通不執行，就只是「空想」；執行不溝通，就會陷入「獨斷」。

兩岸關係改善才能「留」住人才與資金，否則就加快了外「流」。

(6)決策者要注重「機會」，而非「問題」。

這是近年來多位西方重量級管理學者所共同強調的。

> **組織中最能幹的人不是去「解決舊問題」，而是去「尋找新機會」。拿了舊地圖的人，永遠找不到新大陸。兩岸的契機不是在舊問題中打轉，而是要設法在新機會中脫穎而出。決策者要訓練自己做一位新航程的舵手。**

(7)決策者要召開有成果的會議。

對決策績效最大的傷害就是議而不決，決而不行，行而無效。國民黨副主席江丙坤訪問大陸回來，是借助他的訪問來改善兩岸關係，還是用各種方法來責難他？

(8) 決策者言行中所強調的是「我們」，而非「我」。

個人獨領風騷的時代早已過去，個人單打獨鬥的習性，也難以爲繼。這是一個「群眾」、「大我」一起奮鬥、共享的年代。

杜拉克語重心長地說，八個做法之後，還要再加一條規則：先聽後說（Listen first, speak last.）。

(三) 當陳總統是「百大影響力人物」之後

杜拉克全文都在強調：「有效」（effectiveness）是一種紀律，可以學習到，也必須靠努力，才能獲得。如果不知道這是杜拉克的力作，很容易認爲這篇文章不僅沒有石破天驚的創意，更是全篇舊調重彈。

這或許眞是這位跨世紀智者的平易近人之處。他不需要標新立異，更不需要危言聳聽。這位大師是在提醒企業管理階層：回歸到管理與決策的基本面！八項做法中的每一項，都是那麼地熟悉與平凡；可是，又是那麼

在兩岸決策過程中，陸委會不能太強勢，經濟部不能太弱勢。政治支配經濟，經濟一定陷入困境。

地根本與影響深遠，以及那麼容易被視爲當然而受到忽視！

偏愛出奇制勝的領導階層，或許很失望！原來做一個有效的決策者，最重要的還是回歸到那些枯燥乏味的八個基本動作！

美國《時代》雜誌在二〇〇五年選出陳水扁總統爲當今世界上一百位有影響力的人物之一。《時代》雜誌期許陳總統以兩岸和解，而非戰爭，證明自己是位創造歷史的人。

這也正是我們最熱切的期許。

第二十八章

天邊的BRICs不如身邊的CHATs

——「話題」比「磚塊」更貼近台灣的發展

（一）一個新名詞：CHATs

最近台灣媒體對BRICs（Brazil, Russia, India, China）有不少報導。有人誇大地稱它們為「四塊金磚」，台灣大學政治學系朱雲漢教授認為應以中性的「新興四磚」來形容。此刻，我要推出另一個新組合：

CHATs——China，HK，Macau（用第二個字母），Taiwan，可意譯成「話題」。尤其就台灣的地緣政治、經濟實力、外貿地區等因素來評估，巴西、俄羅斯、印度太遙遠、太陌生、太隔閡、太不確定感。CHATs則近在身邊、同文同種、擁有共同記憶。

CHATs當然遠比BRICs更貼近我們。自一九九〇年代初起，海內外學者、企業家與稍後卸任的財經首長都倡導過類似的觀念：「大中華經濟圈」、「經濟中國」、「兩岸共同市場」。參與提倡的人包括了顧應昌（院士）、趙耀東、高清愿、于宗先、鄭竹園、蕭萬長、江丙坤等。

《亞洲大趨勢》的作者奈思比（John Naisbitt）曾經在書中指出：一九九九年澳門回歸中國後，亞洲將揮別四百年的殖民歷史。

從一九八〇年代中開始，自己就一直在觀察這一大中華地區經濟整合的可能性，也先後與林祖嘉、李誠兩位教授合寫過兩本這方面的書。

本文試就十餘年來的兩岸發展做一個歷史性的鳥瞰。

（二）送給陳總統的一本書：《中國人的山河歲月》

二〇〇〇年陳總統上任後不久，當時的新黨召集人郝龍斌與總統會晤時，饋贈了一冊《中國人的山河歲月》。這本書是我們「天下文化」於一九九七年出版，我當時寫了一篇「出版者的話」。現在引述這篇名爲「中國，走向兩岸雙贏」的重要理念：

二十世紀是以「外國人」打「中國人」拉開了悲劇的序幕。一九〇〇年八月，八國聯軍攻陷北京。

對中國人來說，這漫長艱辛的百年，正如美國著名歷史學者史來辛格（Arthur Schlesinger, Jr.）宏觀二十世紀的描述：「這是一個混亂的世紀，充滿了憤怒、血腥、殘酷；也充滿了勇氣、希望、與夢想。」

偉大的政治家就是能夠化隔絕為對話，化猜忌為互信，化戰爭為和平，化交流為雙贏。

不論是在大陸或台灣的中國人，在上半世紀都經歷過國家命運的顚簸轉折——創國之艱與殖民之痛；在下半世紀，分別在重重危機之中，大陸是絕處逢生，台灣是化險爲夷。

兩岸的交集在追求「雙贏」這個架構；兩岸的分歧，則在「中國」這個涵義。交集或分歧就決定了——中國人幫中國人，或是中國人打中國人。

（三）「經濟中國」的前景

沒有大陸今天的經濟改革，就沒有「經濟中國」的可能，也就沒有「經濟中國」理念倡導的必要。

回顧一九九〇年代的論點，我常常引述諾貝爾經濟獎得主薩孟遜（Paul Samuelson）以「一個沉睡中的經濟巨人」形容經濟改革前的中國大陸，西方媒體以小龍形容台灣與香港。

當睡夢中驚醒的經濟巨人與活力充沛的兩條小龍結合時，「經濟中國」

就變成了二十一世紀中最不可輕視的主力。

「經濟中國」這個理念正如西方媒體中所用的「大中國」一詞所意含，指的是結合台灣、港澳與中國大陸（特別是指沿海經濟特區）的生產因素：勞力、資金、原料、科技；同時借重台港澳地區在產銷、金融、服務、市場經濟運作下累積的經驗，以減少相互之間的人爲障礙，謀求全體中國人的經濟利益，提升全體中國人的福祉。

在後冷戰時代，世界舞台上，決定一國角色的關鍵因素已經不再是核子武器，而是經濟實力。世界經濟地圖已被分割成歐洲單一市場、北美自由貿易區等塊狀。一個秋海棠形「經濟中國」已經在東亞冉冉升起。

（四）偉大的歐盟

人類歷史上最偉大的經濟結盟，那就是二〇〇二年十二月歐盟（European Union）由原來的十五個，擴增至二十五個會員國；接納了波蘭、匈牙利、捷克、愛沙尼亞、拉脫維亞、立陶宛等十個新會員國。其人口近四億五千萬，土地面積近四百萬平方公里，超過北美自由貿易區，成爲世界最大的單一市場。

捷克前總統哈維（Vaclav Havel）指出：「如果這波歐盟擴大失敗，就等於錯失歷史契機，未能創造和平、穩定及繁榮。」今後歐盟的發展仍然會充滿爭執，但「戰爭」再也不會是歐洲人的夢魘。

（五）曲折的大中華經濟圈

在地球的另一端，自十九世紀以來，一直被西方列強輕視的中國與中國人，也正在經歷著一場空前的經濟整合。這是人類歷史上最難以捉摸的經濟整合；不僅外國人難以想像，中國人也難以理解。因爲不像歐盟，它的整合過程是困難重重，既得不到台北的支持，又有北京的各種限制。但是它經過二十餘年默默的運作，市場經濟的力量終於漸漸抬頭，減少了政治勢力的束縛及意識型態的嚇阻。這就是大中華經濟圈（Greater China）——大陸、台灣、港澳——在跌跌撞撞中，曲折迂迴地形成。

美國布魯金斯研究所（Brookings Institution）指出：「對所有亞洲國家而言，中國大陸是如此強大的勢力，想辦法和中國大陸合作是他們唯一的合理反應，這股潮流無法抵擋。」

（六）兩位領導人的挑戰

既然經濟整合的大趨勢是如此地勢不可擋，台灣與大陸本來就是同文同種的同胞手足，爲什麼還不能減少猜忌與防範？還不能超越各種藩籬與鴻溝？一個答案是政治人物缺少了跨時代的視野與歷史性的使命感。

經國先生在台灣推動的十大建設與小平先生在大陸推動的改革與開放，是兩個範例。可惜，更多的例子是陷入政治上的計算與算計的泥淖，而還不能自拔。

儘管我們也熟知中國威脅論或中國崩潰論的論點，但是全球的主流民意是：與中國大陸「合作」、「交往」、「整合」幾乎變成了理所當然，甚至是唯一的選擇。

兩岸領導人陳水扁與胡錦濤在二〇〇五年被美國《時代》雜誌選為當前世界一百位最具影響力人物中的兩位。他們可以改寫大陸與台灣的歷史，成為真正有影響力的人，如果他們能夠成功地推動CHATs。

第二十九章 兩岸雙贏理念與海峽共同市場

（一）走對路，才有出路

二〇〇五年五月連戰在北大演講，告訴北大師生：「走對路，才有出路。」連戰認定走對了路，我們期盼陳總統在最適當的安排下，也能赴大陸參訪。畢竟，在這個時候，當執政的民進黨走對路時，台灣才有出路。

除了連戰、胡錦濤的五點聲明，連先生在北大與上海的兩場演講，皆具深遠的寓意。

連戰五月三十日在上海面對兩岸企業人士的演講中指出：兩岸經貿互惠、互補、互助、雙贏的重要；更提出了「共同市場」與設立「兩岸經貿論壇」。同時透露胡錦濤亦肯定「共同市場」的構思。

半世紀以來，推動歐盟的政治領袖，在他們演講中最令人獲得啓發的論點是：「凡是政治不能解決的，經貿可以。」三月初柯林頓在台北演講，論及兩岸經貿情勢，也持類似觀點。

當台灣的主政當局對「開放」與「交流」尚存有各種疑慮時，「共同市場」的構想不失爲一種可能性較高的合作方式。曾任陳總統經濟顧問的前行政院長蕭萬長近年來在國內外不斷鼓吹此一理念。

近二十年來全球化步伐的加快，促進了區域經濟的崛起與整合。「經濟整合」的模式隨著(1)關稅與非關稅的減低程度；(2)生產要素（人才、科技、資金）的移動自由；(3)國家主權、法令政策等的複雜性，出現了不同的型態，包括：「優惠性貿易協定」、「自由貿易區」、「關稅同盟」、「共同市場」（Common Market）、「更緊密的經貿關係安排」（CEPA）、「經濟同盟」等。

面對兩岸經貿關係的課題，一九九〇年初開始，兩岸與港澳就出現了相似但不全相同的提議：如「大中華經濟圈」、「經濟中國」、「共同市場」及「巨龍加三」。大陸與港澳則已簽有CEPA；唯陳總統已公開反對CEPA，認爲：「將把台灣矮化成第二個香港，兩岸該簽的是FTA。」

(二) 加強合作，共創雙贏

任何型態的經濟整合，其前提是追求雙贏。台灣與大陸在經濟資源方面之需要整合，以及因此而帶給台灣經濟的利益已愈來愈明顯，否則怎會在反分裂法通過之時，出現許文龍的公開信？

北大人說：「北大的命運，就是中國的命運。」上海人說：「上海的前途，就是中國的前途。」也許，我們可以說：「兩岸領導人的大視野，才能開創兩岸雙贏的大格局。」

當亞洲各國紛紛倡議籌組成立「東協加三」、「東亞經濟共同體」（East Asia Community, EAC）、「東亞貿易區」（EAFTA）及各種雙邊貿易協定時，台灣再不與大陸在國際空間方面取得某種程度的諒解或協議，台灣將陷入被壓縮與被邊緣化的困境。

這也許正是連戰大陸和平之旅的用心之一，即在說服對方：加強合作，共創雙贏。連戰指出：台灣加上大陸市場，就如虎添翼，產生一加一大於二的加成效果，「一起去賺世界的錢」。

過去北京的態度是：「撼山易，撼一中難」；台北是「移山易，移戒急用忍更難」。兩難之間，也就無法開啓機會之窗。

如今，陳總統謂連戰未違背「四二五電話」的承諾，這當然是留有迴旋餘地的回應。對於不能再連任的陳總統，最可怕的流失，不是權力，而是執政時間。第一任的內鬥消耗與政策空轉已經使他繳了白卷，唯有抓緊剩下的時間，打破兩岸僵局，創建和平大業。

連戰送給北大師生他在二〇〇四年二月撰述的一本書——《改變，才有希望》。封面的腰帶上，他特別加了兩行字：「和解：是大陸、台灣一致的方向；和平：是兩岸人民共同的盼望。」

連戰的大陸行及「連胡會」，顯示了政治人物只要有勇氣與格局，便可以超越歷史鬥爭中的恩怨是非。也許，未來的歷史將記載：連戰的大陸行打開了「機會之窗」與「希望之門」。

什麼是「邊緣化」？

一個國家，在世界舞台上，參與國際事務（從政治、經濟範疇到科技、人文、環保、人權領域）的可能性與能見度愈來愈少的時候，就出現了「邊緣化」的問題。除非出於自己選擇要置身事外（二十世紀初泛稱「孤立主義」），絕大多數國家都樂意在國際事務上扮演積極與有益，至少是適當的角色。

自一九七八年中華民國退出聯合國後，外交逐漸陷於孤立；一九七九年中美斷交後，情勢對台灣愈發不利。近二十年來中國大陸經濟之快速成長與兩岸政治關係之陷入僵局，更使台灣面臨被邊緣化的危機。此一危機已在各層面出現，並持續惡化中：

(1)重要大國（如美國及歐洲重要國家）無一與我國有正式邦交。

(2)重要國際組織（聯合國、世界銀行、國際貨幣基金等），我國無一能參與，只有區域性的APEC及亞洲發展銀行例外。

(3)無一大國之現任元首、總統、總理、外長等能訪問台灣，而我國之首長也無法與這些領袖公開會晤（偶有幾秒鐘在某一公開場合握手，官方就稱之爲「外交突破」）。

(4)幸有經貿與文化爲後盾之「實質外交」，使台灣在國際保留若干生存空間。

(5)近十年來大陸市場之快速崛起，以及兩岸始終無法直航，不斷出現邊緣化之事實：

- 外資逐漸自台灣撤走，移往大陸。
- 國際重要人士、國際會議、跨國企業區域性總部、國際航班逐漸淡出或減少。
- 本國資金大量向外移出，大企業逐漸選擇在台灣地區以外股票上市。
- 即使區域性或雙邊以經貿爲主之協定（如FTC、自由經貿協定），台灣也難以簽訂或參與，構成今後經貿發展之威脅。

如果台灣「從來沒在世界核心中」，那麼現在更進入了「邊陲的暴風圈」。補救之道必須要從兩方面同時著手：(1)唯有改善兩岸關係，台灣才能擴展國際空間；(2)唯有提升台灣競爭力，台灣才能擺脫邊緣化陰影。

第三十章

大陸正在和平中崛起，台灣要像猴子而非螞蟻

（一）中國正在和平崛起

二〇〇五年六月二十七日出版的美國《時代》雜誌以「中國的新革命」為封面故事，刊出了二十餘頁的圖片與文字報導。

大體來說，國際媒體對中國在國際舞台上日益重要的角色，大都予以

肯定，視它爲夥伴關係者多，競爭關係者少，敵對關係者更少；對中國經濟發展之快速，也大都予以肯定，認爲它今後將持續成長者多，停滯者少，崩潰者更少。

十九世紀以來，中國從來沒有在西方國家的棋盤上，有過這樣舉足輕重的地位。國際社會大都認爲，中國確實正在「和平崛起」，這個崛起不是像當年的英國與日本靠征服占領，而是靠改革開放。

大陸改革開放論壇理事長鄭必堅，以數學上的乘除加減，討論過中國的和平崛起。他的結論是：中國沒有本錢去搞侵略、去威脅鄰國。他在華府布魯金斯學會的演講中再度指出：「將中國視爲一種威脅，是對中國在二十一世紀發展方向的嚴重誤判。」這類論述，溫家寶在訪美時曾一再引用。

事實上，大陸遭遇的難題從來就沒有和緩過：從銀行呆帳、區域失衡、貧富差距、到生態惡化、能源消耗、官員貪污，以及遲早要面對的政治體制的民主化。因此，中國的和平崛起能否一帆風順，還須看它能否通過一系列考驗。

雖然如此，二十餘年來，大陸經濟的快速崛起，已創下了世界紀錄。在一九八〇到二〇〇二年間，大陸GDP增長率高達九・五一七%。同一時期，日本爲二・四三，美國爲三・〇四與世界平均數爲三・一一。

相對於大陸經濟的躍進，台灣的經濟卻在方向上陷入迷惘，在兩岸政策上陷入空轉。一個負責任、有執行力的政府，至少要同時提供：

(1)人民享有合理的生活品質；
(2)社會擁有公平、正義、和諧的大環境；
(3)國家具有永續發展的遠景。

（二）啓動台灣第二次崛起

自一九八八年李登輝主政起，隨著威權時代的結束，不幸卻帶來了黑金勾結的猖獗；民主浪潮的興起，不幸也帶來了民粹政治的高漲。更不幸的是，近十年來夾雜著省籍情結、統獨爭議、政治權謀、個人恩怨的政治口水，既淹沒了理性討論，更摧折了企業的信心與人民的希望。

當中國在「和平崛起」時，台灣卻在內鬥與內耗中「不和平地衰落」。台灣經濟要振衰起敝，只有一條路，那就是調整兩岸政策。

二十世紀後半葉，美國是全球經濟發展的引擎，啓動了台灣經濟的第一次崛起。二十一世紀初，不可思議地，中國，不再是日本，竟然變成了另一個世界經濟發展的引擎。台灣必須務實，在經濟上及政治上調整兩岸關係，與這一部引擎追求雙贏，創造台灣的第二次經濟崛起。

美國諾貝爾經濟獎得主海克曼在台北提出過一個生動的譬喻：「台灣要像猴子一樣靈活，跳在那隻巨象的背上；不要像螞蟻一樣辛苦，最後被踩在腳下。」

面對大陸，台灣要像猴子？還是螞蟻？這個選擇是很清楚的。

選擇七

年輕一代（Youth）

在這麼一個急功近利的世界，
靠運氣、靠關係、靠人情……都不可靠，
祇有自己的本領最可靠。

第三十一章 知識＋語言＝優勢

（一）敲門磚

二〇〇四年秋天在政大IMBA（英語教學的MBA學程）班上講授「知識經濟」時，開宗明義的第一句話就是：Knowledge + Language = Advantage。

這正是我多年來深刻的體認。在此刻全球化風起雲湧中，資金與科技早已難分國界地自由出入，而人才也已跨越國界變得高度的流動性。愈有專業知識的人才（如投資、法律、國際行銷等專家），愈在世界各地任職、諮詢、演講。想想已擁有二十五個會員國的歐盟，除了本國話（如義大利、西班牙），至少還要能講英、德、法等重要語言。

當前台灣的處境下，如能熟練地運用一種外國語言——英語——就變成了獲得專業職位的敲門磚。

（二）從小開始學英文

讓我對年輕人先提出兩點囑咐：

(1)做人的最基本條件：要有品德；

(2)做事的最基本條件：要有專業知識（或技能）。

品德加專業是個人事業發展的兩個輪子。轉動輪子還需要一股推力，「語言」就可能產生這股推力。就使用英語的程度來說，亞洲的新加坡、香港與印度遠比台灣與大陸普遍；而台灣很幸運地又比韓國與日本爲優。

我在想：如果台灣（與大陸重要城市如上海、北京）的孩子從幼稚園就學英文，如同學習本國語言一樣地要求，那麼十年之後，台灣與大陸年輕一代的學習力與競爭力，將能攀登上國際平台，更容易溶入先進國家。因此在教育投資上，家庭與政府要慷慨地花錢在學習外語上。

（三）KAO的三個意義

「高」的英文拼音是「KAO」，有時我會以自己的「姓」來傳播三個理念。

K是Knowledge：「知識」是文化與文明進步的因與果。當世界各地今年慶祝愛因斯坦發表相對論百週年時，對一般大眾的兩個啓示是：尊敬科學的求眞，以及推廣知識的普及。

在知識的長河中，如果任何個人、組織或社會陷入落後與陳舊的泥淖

個人最具競爭力的方程式是：品德＋知識＋語言＋留學經驗＝競爭優勢。

中，勢必會被淘汰。

A是Action：「執行力」是要把對的事徹底做好。在《執行力》一書的導讀中，我強調：透過執行力，「想法」才會變成「做法」，夢想才能成真。

O是Open Society：「開放社會」一直是我所嚮往的。一個社會愈開放（如美國），愈會有競爭力。但「開放」不是無規範的濫用自由，一個開放社會必定也是一個有嚴格的遊戲規則（如股票市場）、共同接受的社會紀律（如不准有性別歧視）、公正的法治（即使總統犯法也要辭職，如尼克森）與人民之間的相互尊重。

有了「知識」與「語言」，就具有優勢；如能再加上「品德」與「留學經驗」，就擁有了更大的「競爭優勢」。

第三十二章　虛心的自問自答

（一）自己的三十歲

三十歲是人生中的第一道分水嶺，從數十年的寒窗、到初出社會的興奮、到追求理想的出發。

自己在烽火遍地的中日抗戰中誕生。十三歲來到台灣後，雖然經歷過十年的生活，但讀書從未中斷，年輕時要使國家進步的理想從未改變。一九五九年獲得了助教獎學金去美國修習經濟發展，是一個二十三歲年輕人一生中最幸運的轉捩點。

讀完五年書，去威斯康辛大學（河城校區）經濟系任教，是一生中做了對的選擇（Do the right thing.）。一直到三十四年後退休，它是我在美國唯一教過書的地方。「爲什麼會在一個地方待這麼久？」是我常遇到的問題。答覆一點也不誇大：「在那裡我可以完全自由地做我最喜愛的事：教書、寫作、研究、演講、旅行、（若干年後還多了）出版。」這使我想起諾貝爾經濟獎得主薩孟遜的「七十自述」。摘述這位當代大師引起我強烈共鳴的幾句話：「……對我來說，探討經濟問題不是工作而是享受；我是出了名的討厭行政工作；此刻我是七十活得像二十五，每一天似乎和以前一樣好。」

自己三十歲時，正是教書的第三年。投入教書及研究的自我要求，遠遠超過做研究生的時候。「教學相長」的體驗是，「教」比「學」更需要投入。教授生涯很快證實：教書是我的最愛。我就心無二用地在自由的學術環境中遨遊，包括婉謝了在台灣擔任公職的機會。唯一的修正是為了擴大進步觀念的傳播，在一九八〇年代先後參與了《天下》雜誌、「天下文化」與《遠見》雜誌的創辦。

（二）不擔心錯失資訊

我所接觸的受人尊敬的人物，不論是創業家（劉金標）、企業家（溫世仁）、著名學者（孫震）、意見領袖（張作錦）、書法家（董陽孜）……，沒有一個人不是經過嚴格「自我要求」而成功的。在這麼一個急功近利的世界，本身沒有過人的優勢，是難以出人頭地的。靠運氣、靠關係、靠人情……都不可靠；上述的五位正證明：自己的本領才最可靠。

面對當今的資訊超載（information overload），年輕人容易失去「注意力」的焦距，每天被網站上數不盡的資訊所吸引、所困惑。教育體系在強

電腦上的一個鍵，所需要的資料均免費出現。年輕人不要怕錯失「資訊」而沉緬於電腦，應擔心自己疏遠書本，錯失「知識」。

調背誦與記憶的年代中，學生能背出那些歷史與數字，就會有好成績。正如管理大師杜拉克所首先提倡的：二十一世紀是知識工作者（knowledge worker，或是知識人）的年代。

（三）虛心的自問自答

要做一位出色的知識人，年輕朋友要從基本動作要求起，也要從最基本的問題探討起：

- **我的溝通能力行嗎？**

「說」得清楚嗎？「寫」得通順嗎？「聽」得懂別人在說什麼嗎？

- **我的普通常識夠嗎？**

面對社會百態、政經變化、人文素養、法律規範、投資理財、參與義工等等，有所了解嗎？

● **我的EQ好嗎**？

容易與人相處嗎？熱心公益嗎？歡喜講人之是非嗎？

最基本的是這兩項：

(1)**我的專業本領夠嗎**？

(2)**我的外語能力行嗎**？

對這些問題不斷出現「問號」時，就是在說明自己的基本動作與基本訓練還是不夠。不再眼高手低，接受「人外有人」的現實，趕快做補網的工作。請記住：當自己沒有準備好時，不要心虛地接受超過自己能力的工作，而要虛心地先要求改進。

在人生的馬拉松中，厚植自己實力、品德、EQ與大愛，是受人尊敬的關鍵因素。

在這個年代，唯一的不輸法則是：自己比別人學習得更快；自己比別人的自我要求更嚴厲。

第三十三章 內行與外行

（一）三位令我羨慕的友人

二十八歲出校門，開始在威大經濟系執教。儘管英語授課有些吃力，但以經濟理論爲主題的講課還能勝任。但是教書後立刻發現，在咖啡時間聽同事們談到他們觀賞過的歌劇、畫展、球賽，以及注視的國會立法等等時，就像啞巴一般無從加入。我就強烈地體會到：僅有一些專業領域的知識是不夠的，自己必須要把知識生活層面擴大。

從一九六〇年代中起，相識的幾位美國同事的淵博知識與對人的熱情，使我一生受益，日後他們也都變成了我四十餘年來的莫逆之交。

第一位是化學系的史文遜（Richard Swenson）教授，他是一位無所不知的全才——包括了對中國的歷史與當前的兩岸關係。他的長子（David）在我們經濟系畢業，是我的導生，選過我四門課，都得A。他就是當今耶魯大學校務基金會的財務長，二十年來他的投資報酬率一直領先其他名校，被華爾街稱爲「耶魯最不可缺的人物」，五年前當選爲本校最年輕的「傑出校友」。

另一位是數學系威廉姆生（Bruce Williamson）教授，他每月要讀三本專業以外的書，特別喜歡文學與歷史，得過最佳教授獎。退休後，每年持續閱讀四十本以上的書。

另一位是物理系拉森（Curt Larson）教授。他特別還在語言系學了幾年中文，偏愛東方文化，曾來台任教過兩次，非常喜歡台灣。

三年前我們夫婦邀請了這三對夫婦在台北、香港、北京、西安等地共同出遊了半個多月，是一生中難忘的美好時光。

這三位朋友的共同特點是，除了他們專業，都喜愛音樂、藝術、歷史、文學、宗教，同時非常熱心幫助外國同學。我常稱他們爲「文藝復興之人」（Man of Renaissance），他們的淵博提醒自己專業外的不足。這即是爲什麼我認爲通識教育的重要，一定要讓在美國出生的兩個孩子在大學接受完整的 Liberal Arts 課程；這也是爲什麼我在台灣大聲地鼓吹：專業內要內行，專業外不外行。

（二）「功能性」文盲

對專業以外的人與事，對專業以外的知識與環境沒有時間及興趣去了解，就有可能變成專業外的孤獨，甚至變成專業外的「文盲」。

過去十年常聽到「愛拚才會贏」的吶喊，那是草根性的「匹夫之勇」；現在要提升到「學習才會贏」，來呈顯「知識之力」。

在台灣社會中，我尊敬那些在專業領域中表現出色的人，但也令我嚮往一些在他們專業領域以外，所表現的博學多才與人文素養，如沈君山、曾繁城、黃達夫、謝孟雄、嚴長壽。

與年輕朋友交談，我常向他們提醒：不要羨慕那些大官、巨商、新貴；而是要學習那些專業以外也不外行的人！學習他們在專業中，可以沉醉其中；學習他們在專業外，也享有人文情趣。

一九八〇年代的美國社會曾流行過「功能性文盲」（functional illiterate）一詞，它是泛指那些缺乏處理生活及周邊環境能力的人：如不會讀家具組裝的說明書，不能修理家中水電的細微故障，不會填報所得稅。把西方社會這種「實用性」的定義用到台灣，我就擔心愈會用筆考試的年輕學生，愈不會用手來處理生活上的問題，愈少有心來關心自己以外的世界。

(三) 圓滿的一生

多位當代管理學者都強調：企業致勝最大的關鍵，已不是資源、資金、技術，甚至還不是人才與創新，而是要有持久的能力比對手學習得更快、更徹底。企業是如此，政府部門也是如此，個人更是如此。

要判斷企業領袖或政治人物的成敗，只要認眞觀察他們自身及重要幕僚，是否擁有較高的學習意願、較強的反省能力、較大的包容態度、較深厚的專業知識，以及持久的閱讀習慣。

一個沒有學習能力的個人，他（她）的知識水準就會停留在二十歲左右的大學時代，他（她）的心智成熟也就停留在青少年時期，這將是一個多麼殘缺的人生！

人的一生就是在尋找各種因素的平衡：家庭與工作，所得與休閒，儲蓄與消費，小我與大我。要做一個內外兼顧的人，我想不能超過八分時間用於「專業」，不能低於兩分時間用在吸取「專業外」的知識；否則，就容易變成「太多專業，太少人味」。

一個圓滿的人生是指：專業領域內是內行，專業以外也不外行。

第三十四章 多重視價值，少計較價格

（一）思潮與觀念可以改變一切

人生是一連串的嘗試、覺悟、修正；然後認清自己的優勢與缺點，決定方向再出發。三十歲左右的年輕人正在經歷這一階段：有掙扎、有歡笑。一個有助於樹立人生正確方向的經驗是：辨清「價格」與「價值」。

四十年來，我之所以投入傳播進步觀念，即是初到美國做研究生時，接觸到前所不懂的西方思潮與觀念，好像茅塞頓開，百般興奮。我就決心要把這些觀念，推廣到一個正在力爭上游的台灣社會。因此我不斷地說：思潮與觀念可以改變人生，可以改變國家的走向，可以改變歷史的軌跡。這些觀念大如市場經濟與共產主義之間的拔河；小如財富與捐獻之間的取捨。

每次回到威州我執教了三十多年的學校，總能聽到退休教授與校友捐獻給學校的故事。一位我認識二十多年的英語系教授剛去世，遺囑中他把節省下來的所有財產全部捐獻給學校，指定要「提倡英語寫作，使下一代的年輕人不要在網路時代忘卻能寫出graceful English」。他就是一位具有「價值觀之人」（Man of Value）。

（二）明辨「價格」與「價值」

我們社會中的一個病態是：太多的人，對價格太計較，對價值太忽視；另有一些清高的人，對價格漠視，對價值重視。這兩種極端的人，前者走向庸俗，後者則變得憤世嫉俗。

在市場經濟中，價格（price）通常由供給與需要決定；價值（value）則反映主觀的判斷、社會的流行、個人的文化素養與教養。對我這個消費者來說，從不買名牌，因爲價格太高；但從不敢忽視「知識」與「學習」，因爲充滿了價值。

觀察當前台灣社會百態，就不免令人擔心。試看首長宴請民意代表，企業界宴請首長時，花費動輒數萬，毫不吝嗇。但是要動用一些款項爲同仁買書，則百般猶豫。爲了個人私利，再昂貴的價格也變得有價值；爲了同仁福利，再合理的價格也缺少價值。我們常聽到首長們勤於打高爾夫球，但很少聽到哪位首長或哪位企業領袖能以身作則，勤於學習，也勤於讀書。

對一般力求上進的人來說——尤其年輕人，透過終身學習來追求知識，

現代人從年輕時代開始，就要學習在兩個極端中取得平衡——要把「價格」放在「對」的位置，更要把「價值」放在「高」的層次。

是一條最可靠的路——不需關說，不需求情。

可惜的是：年輕人在手機、娛樂、服裝等方面的花費，常常不太計較價格，但在購買知識時，則對價格的反應特別靈敏。名牌店似乎不常打折扣，卻常常供不應求；書店要賣書，則非打折扣不可；即使打折扣，也難見人潮。對不該計較的價格計較，正暴露出自己的短視；對不該輕視的價值不輕視，才會顯示自己的成熟。文明社會的病態就是短視者太多，成熟者太少。

幾年前在北京，那邊文化界的朋友慨嘆做出版人的淒涼。一位主編說：「這邊流行這麼一句話來形容暴發戶——『我窮得只剩下錢』。」

也許有一天，當「價格」不再主宰一切時，當「價值」得到應有的尊敬時，我們會聽到另一種聲音：「我不是在忙賺錢，是在忙學習！」

第三十五章 婚禮上的賀詞

（一）婚禮的回憶

最近一年，參加了幾位好朋友子女及優秀同事的婚禮。當以「德高望重」爲說詞被邀請時，自己眞正的感受是「年高體重」。

每次參加喜氣洋洋、賓客滿堂的婚禮，就看到了台灣社會人情的濃厚及小康的縮影；也就會想到自己四十五年前在美國讀書時那簡單得寒酸的婚禮。那個年代，美國助教獎學金每月兩百美元；如果留在台灣工作，一千元台幣月薪，折合美金二十五元。台灣是一個相當「落後的地區」。

一九六〇年十月，一個禮拜五的下午，在我指導教授范福來克（Van Vlack）夫婦的熱心安排下，我們在讀書的布魯金斯城教堂中舉行了婚禮，然後就在范教授家中款待道賀的朋友，到了近七十位老師與同學；但是沒有錢爲妻子買禮服，也沒有錢爲她買戒指。婚禮前後我們照常上課，「人生大事」就輕易地（還是「輕率」地？）完成。四年後修畢博士學位，妻修畢碩士，爲了省下租借畢業袍的三十美元，我們也沒有參加畢業典禮。送給妻子的小鑽戒是教書以後第三年才完成的大心願。

（二）「五中」的祝福

此刻把最近在婚禮中講的一些話寫出來，獻給婚姻城堡裡邊及周邊的年輕朋友。我的祝福以「五中」爲核心：

(1) **「腦中」有事業**：年輕朋友要立志做大事；「大事」當然不等於大官、大企業家。「大事」是利用自己的專業、熱情及投入，在事業上（或一種特殊本領上）有傑出的表現。這可以是一位優秀的工程師、環保工作者、幼稚園教師、廉能的公務員、漫畫家、職業運動員……。懶散的生活與缺少自律的習慣都要改正。「知識經濟」之公平即在於知識不像財富，可以繼承或贈與；知識要靠自己一點一滴累積。要做大事，必先要從累積知識開始。

(2) **「情中」有你我**：婚姻生活是以夫妻爲核心，彼此之間當然要相愛、鼓勵、容忍。要一方犧牲，以成全另一方，這種不平等的時代已經過去。在「相愛」的呵護下，以互信爲基礎，彼此成長，是值得追求的選擇。

(3) **「心中」有父母**：「孝」是人性中最珍貴的美德。絕大多數的子女，都受益於父母，才有今天的成就；尤其來自中產階級及清寒家庭的子

做丈夫的不能有優越感，指揮妻子；做妻子的不能天天撒嬌，指揮丈夫。互相尊重彼此的隱私及發展空間，十分重要。

女，幾乎全是依靠父母（及親友長輩）全部的心血與犧牲，才能完成學業及出國深造。離開父母之後，自己再忙也要時時問候父母，收入再緊也要孝敬父母。

(4)**「胸中」有大愛**：在這個世界上有太多的人比我們不幸，我們要關心別人，關心弱勢團體，關心其他貧窮地區的人。「關心」不能止於空談，它要眞實地反映在自己的時間上及自己的捐獻上。在所有的頭銜中，最令我感動的不是「董事長」、「總經理」、「部長」，而是「志工」（義工）。

(5)**「夢中」有家鄉**：在無國界的職場上，有專長的知識人可以在世界各地工作——如會計師、工程師、行銷專家、設計師——這是個人難得的成長機會。我有好些朋友的子女在美國長大，擁有了很好的學歷及美國工作經驗之後，此刻都在三十到四十歲之間，來到了大中華地區工作。這些專業人員來到 Greater China，一方面容易有成就感，另一方面也有失落感。

「失落」是因爲中國、台灣、香港在很多方面還是遠遠不如美國社會的文明與開放；但是要珍惜中西文化的差異，也要有一些「月是故鄉明」的偏愛。不論身在何處，還是要有深厚的故鄉情。

結婚可以是年輕夫婦最快樂的開始，「五中」可以促成「快樂長駐」。

第三十六章

追求「簡單」：「減」比「加」更重要

這眞是一個「複雜」的社會：複雜的人心、複雜的政治、複雜的媒體、複雜的法令、複雜的理財、複雜的產品、複雜的兩岸關係……。

（一）對付複雜

在全球化時代，現在已不可能以「不變應萬變」，對付複雜只有靠簡單。

面對牛毛般的法令，簡單的對策就是「不觸法」。

面對糾纏不清的利益輸送，簡單的對策就是「不參與」。

面對僵持不下的兩岸關係，簡單的對策就是「不放棄」。

面對層出不窮的新產品，簡單的對策就是「不動心」。

仔細觀察這個社會，該簡單的就從不簡單，該複雜的就一定複雜。

三十多年前經過日本想買一台相機，陪伴的日本友人說要買就買Nikon。他說：「上面的配置可用於專業攝影。」當時花了六百多美元購買了Nikon，上面的很多機關到今天還沒有碰過。

二十年前微波爐在美國上市，銷售人員說服內人買了一個多功能的

RCA（也是六百美元左右）。上面有各種烹調的處理：香腸、火雞、馬鈴薯……，這麼多年來只用過它兩個功能：加溫及解凍。

兩個月前，幾位好朋友合送我一支新手機（想必很貴）。上面花樣百出，從照相、錄音、上網、發簡訊等應有盡有，到現在還沒有時間看完厚厚的說明書。在可預見的將來，我只會用它一項功能：接打電話。

從這三個經歷推論，像我這樣的消費者眞正需要的，就是它最基本的功能，其他附加的功能，常常變成了附加的負擔與浪費。

（二）功能附減

如果用「八十／二十」原則，那麼凡是使用最多的那一個功能（如占百分之八十），就「專賣」這個功能，直接擊中消費者要害：簡單、實惠。賣牛肉麵的，就只賣牛肉麵；要吃蛋炒飯，請到別家。

換一個方向思考，我們這些只要功能簡單的消費者，是屬於那百分之二十，那麼就專門生產這種簡單的產品來滿足他們。

有人不買新手機、新電視、新汽車、新電腦，是在反抗功能太多、花樣太雜、修改太快、誘惑太強。

很顯然，對消費品的喜愛可以有兩類：年輕人追逐新奇的、功能多的；其他人喜愛實用的、簡單的。

相對於處處受到稱讚的「附加價值」（value added）這個名詞，我要提倡「功能附減」（function subtracted），因爲目前很多產品的功能已經不少，新功能的邊際效用是在遞減。因此，一個商品功能的減少，反使麻煩減少，價值上升；也能減少成本，售價下跌、市場擴大。這完全符合最新的藍海策略。

「功能附減」的精義是：去蕪存菁。減掉附加的功能是加分，而非減分。如減掉中秋月餅的過度包裝，減掉盛暑中的領帶，減掉國會殿堂中的政治秀，這就會產生「少」即是「好」，「減」即是「加」的微妙變化。減

我的手機：只要能接打電話；
我的電視：只要有六個頻道；
我要的首長及民代：只要他們有專業與品德。

肥的人與提倡環保的人最能欣賞「Losing is gaining.」及「Less is more.」。傳統上「多多益善」是貧窮社會的思維；小康社會的正確思維是「少少爲佳」。「適可而止」也許是現代社會最好的消費準則。

我很少很少去大百貨公司、大賣場；甚至我不喜歡住在大城市、進大餐廳；更不敢見大場面、參加大典、見大官；「大」使我怯場（只有「大格局」令我鍾情），「複雜」使我心煩。我嚮往《藍海策略》一書中所提到的兩個策略，要如何「降低」及「消去」與同業間的競爭（如折扣與抽獎）？

（三）簡單才能動人

簡單不僅是美，也是美德。

孫震教授常說：「偉大的學說，常常以最簡單的方式表達。」

漢寶德教授剛從雪梨歸來，對雪梨歌劇院有這樣的形容：「一列帆船反射著陽光，在港口鼓風而行，多簡單的構想，多動人的意念；正因爲簡單才能動人，才能使全世界的民眾爲之著迷……。」

在班上討論納稅問題時，美國學生一致認爲最重要的原則還不是要「公平」，而是「簡單」。

杜拉克早就指出：「剔除不具附加價值的活動，無損於顧客。」

《湖濱散記》的作者梭羅遠在一世紀以前，當美國還不富裕時，就提倡：「Simplify! Simplify!」（簡單化！簡單化！）

簡單不是簡陋，更不是寒酸；而是不浪費、不複雜；它是恰到好處的適可而止。

對我們這些常用腦的人，如果有人說「你們很簡單」，這是很大的稱讚；因爲他們是指我們的文字「簡」潔、行爲「單」純。

如果此文膚淺，一個「簡單」的藉口，就是它不敢複雜。

思慮到永續發展，就更不要耗盡資源；
思慮到全球貧窮，就更要資源共享；
這一切都要從化繁為簡做起。

展望

另一個台灣是可能的

——從擴大兩岸商機啓動

（一）彼得聖吉的青蛙故事

《第五項修練》作者彼得・聖吉博士常引用煮青蛙的故事指出：潛伏的危機不及時處理，終將不可收拾。

聖吉說：「一般企業、組織、個人常常對於緩緩而來的致命威脅習而不察。把青蛙放進沸水中，它會立刻跳出；把青蛙放進溫水中，不去吵它，它將呆著不動；如果慢慢加溫，從華氏七十度升到八十度，青蛙仍顯得若無其事，甚至自得其樂；可悲的是，當溫度慢慢上升時，青蛙將變得愈來愈虛弱，最後無法動彈，直到被煮熟。

爲什麼會這樣？因爲青蛙內部感應生存威脅的器官，只能感應出環境中激烈的變化，而不是針對緩慢、漸進的變化。」

這個小故事帶來極大的啓示。美國多少著名的大企業就這樣慢慢地消失了，底特律的汽車業就面臨著這樣的危機。二十世紀以來大企業的平均壽命是人類的一半，重要的原因就是對外在環境的變動，已失去了應變的能力。

（二）台灣正是處在被加溫中的青蛙

表面看來，台灣股市在上升，豪宅在出售，輸出持續在進行，科技新貴持續在出現，官方的統計數字在調升……。

另一方面，台灣競爭力在下降，邊緣化的壓力在加深，每人所得與薪資難以提高，大學畢業生的合適工作難找；至於牽涉到更根本的教育、健保、治安、環保、水土保持、貧窮不均、城鄉差距等等問題，則是宣示多、行動少，效果更是存疑。

這正是台灣當前所面臨的抉擇：創造最好的商機，或是忍受邊緣化危機。答案祇有一個：擴大兩岸商機、減少邊緣化危機。如果這個策略成功，那麼「另一個台灣是可能的」。

只要台灣強調維持現狀，台灣面對的危機，不是對岸的飛彈，而是世界舞台上競爭力的衰退。令人痛心的是：台灣競爭力的衰退不是企業家不努力，而是政府部門不爭氣。

全球競爭力對台灣的重要性，一句話可以說清楚：台灣沒有競爭力，世界舞台上就沒有台灣的存在。任何執政者最要認清的是：只有把經濟放在首位，台灣才有活路；如果把政治放在首位，台灣就走向死巷。台灣半世紀的經驗清楚地顯示：

過去的威權時代，是靠經濟救活了政治（及政權）。

此刻的選舉時代，居然政治（及政權）拖垮了經濟。

最明顯的政治操作就是對中國大陸投資、貿易、交流等的各種限制。美國商會於五月底發表二〇〇七台灣白皮書，執行長魏理庭不客氣地直指：「盼望台灣政府能多談經濟議題，少在政治問題上打轉。對於兩岸直航，做就對了！」

（三）兩岸直航擴大商機

台灣最大的潛力與實力就是企業的生命力。只要給他們適當的投資環境、適當的工具（法令、資金、人才等），他們就會像一九六〇到八〇年代那樣生龍活虎地創造商機。其中最迫切的一項就是兩岸立即直航，並且大幅度減少兩岸間對投資、人才、其他交流等限制。這樣的突破，比強心針、特效藥更有效，因爲它會帶來一連串正面的乘數效應。很少國家會擁有這種獨一無二的機會：一念之間的轉變，一個政策的推動，就可產生七項相乘的平方效果：

(1)增加台灣去大陸的商機（如金融、航運、高等教育）；同時增加大陸人士來台帶來的商機（觀光、購屋、投資、升學等）。

(2)增加外商留台擴充企業，以及外商來台投資的誘因。

(3)減少兩岸的緊張關係；一旦簽訂兩岸和平協定，可進一步減少台灣軍購支出。

(4)減緩台灣的統獨爭論與省籍情結。

(5)兩岸僵局打破後，交流擴大，有助於雙方了解、互信與善意的逐漸增加，並有助於國際空間的擴大。

綜合上面五項，就可立刻

(6)減緩台灣被邊緣化的危機。

(7)即使爲了節省能源與全球暖化問題，美國《時代》雜誌建議：旅行時要選擇最短與最直接的航線。

台灣一旦因兩岸直航出現大商機，國內外大量資金、人才、技術就會進來。台灣的內需產業（如房地產、零售業、旅遊觀光）也因此而注入新的需求，連帶也會提升就業人數、政府稅收、經濟成長率。各種因邊緣化帶來的危機（投資萎縮、外商撤走、觀光業艱困）也立刻獲得紓解。台灣失去的人氣、勢頭、自信就會大幅躍升。

林祖嘉教授在他的論文中，引述了兩岸擴大開放後的兩組數字：

(1)如果兩岸直航，可使台灣人員與貨物往來兩岸間的運輸成本與時間成本減少，每年大約爲三一〇．三億元新台幣。

(2)如果台灣開放大陸觀光，以大陸每年來台一百萬人次估計，中小企業產值會增加二百八十四億新台幣，全體觀光相關產值約爲四百五十六億新台幣，增加觀光產業就業人數約爲二萬四千七百一十八名。

距離美國布希總統卸任還有一年半，六月十一日美國《新聞週刊》的封面專題已經出現了「布希之後，如何重建美國在全世界的地位」。距我國明年總統大選投票只剩下八個月，讓我們認真地討論：後扁時代，台灣的活路、出路及生路到底在哪裡？

我的答覆有四：

(1)靠擴大兩岸商機來減少危機；

(2)靠全球化來對付邊緣化；

(3)靠兩岸共同市場替代台灣海峽戰場；

(4)靠凝聚全民共識來替代對立意識。

如果我們眞做這樣的選擇，「另一個台灣是可能的」。

附錄：高希均提出的觀念、主張與發表的書

年代	提出的觀念與主張	代表性的書
一九六〇—六九	●提倡推動經濟發展的基本觀念與政策。 ◎政府要加速社會基本投資及引進外資。 ◎注重人力投資及教育普及。 ◎創造有利的投資氣候，鼓勵私人企業。 ◎規劃自然資源的運用。 ◎訂定長期發展計畫。 ●提出人力規劃、教育支出等政策建議。 ●人才外流中，倡導知識內流。	●《經濟發展導論》（美援會，一九六二） ●《人力與經濟發展》（經合會，一九七〇）

一九七〇—七九

- 政府首長不能經常「三思而後不行」。
- 內閣人選應當公開討論。
- 節省點點滴滴的石油，需要點點滴滴的努力。
- 能者多勞，能者更要多思。
- 沒有一個國家因教育投資過多而破產的。
- 審察經濟干預及管制的負面作用。
- 分享知識——展開多讀書運動。
- 書櫃代替酒櫃，書桌代替麻將桌。
- 天下哪有白吃的午餐？每個人要自求多福。

- 《一個知識分子的感受與期望》（學生書局，一九七五）
- 《天下哪有白吃的午餐》（聯經，一九七七）
- 《開放的觀念》（聯經，一九七八）
- 《美國人文及社會科學論文集》（主編，學生書局，一九七三）
- 《美國通貨膨脹及對策》（主編，聯經，一九七五）
- 《教育經濟學論文集》（主編，聯經，一九七六）
- 《我國大專畢業生專長利用之調查分析》（與徐育珠合著，教育部，一九七六）

一九八〇—八九	●傅利曼的評言：「從政者不會是天使。」 ●需要經濟人的效率，社會人的公平。 ●應把深厚的經濟基礎、豐富的精神遺產、優美的自然環境和進步的觀念留給下一代。 ●決策錯誤比貪污更可怕。 ●創造財富才能照顧低所得。 ●疑中留情。 ●工商界資助藝文活動，完全符合自己利益。 ●台灣「美中不足」的是：其他層面的進步遠落在經濟之後。 ●要「均」的不僅是「富」，把「均」延伸到其他層面，就有更多的平等。 ●與北大師生分享現代觀念。	●《迷思中的沉思》（爾雅，一九八〇） ●《經濟人與社會人》（天下文化，一九八二） ●《溫暖的心、冷靜的腦》（天下文化，一九八四） ●《做個高附加價值的現代人》（天下文化，一九八六） ●《對有權人說實話》（天下文化，一九八八）

一九九〇—九九		
	●不要強人領導，要強勢領導。 ●發揮政府的能，運用民間的錢。 ●堅強立足台灣，和平轉化大陸。 ●台灣應當分擔國際責任。 ●國民黨要做的不是「討好」，是「求好」。 ●台灣的根本危機：在人民的冷漠。 ●格局決定結局；大格局才能帶來好結局。 ●國民黨應去大陸投資。 ●塑造尊嚴之島：「粉身碎骨所不計，要留尊嚴在台灣」。 ●以廉能對抗貪污與特權。 ●新台灣人之路——建構一個乾乾淨淨的社會。	●《追求活的尊嚴》（天下文化，一九九〇） ●《經濟學的世界》（天下文化，一九九一） ●《大格局》（天下文化，一九九二） ●《新台灣人之路》（天下文化，一九九八） ●《台灣經驗二十年》（與李誠合編，天下文化，一九九一） ●《台灣突破——兩岸經貿追蹤》（與李誠、林祖嘉合著，天下文化，一九九二）

一九九〇—九九	●欣賞勝過擁有。 ●開放社會的美妙。 ●如果田長霖出任北大校長。	●《台商經驗—第一手現場報導》（與林祖嘉、林文玲、許彩雪合著，天下文化，一九九五） ●《競爭力手冊》（與石滋宜編著，天下文化，一九九六）
二〇〇〇—	●「濫」無處不在。 ●對價格太計較，對價值太輕視。 ●新讀書主義。 ●文化產品的豐富，才是現代社會的驕傲。 ●一小座書城、一小方淨土——「人文空間」的誕生。 ●閱讀——終身的承諾。 ●一架軍機換一個翻譯中心。 ●大格局思維——「新台灣人」變成社會主流。	●《三人行看台灣新價值》（與張作錦、王力行合著，天下文化，二〇〇〇） ●《知識經濟之路》（與李誠合編，天下文化，二〇〇〇） ●《讀一流書、做一流人》（天下文化，二〇〇一） ●《高希均筆下的人與書》（天下文化，二〇〇一）

二〇〇一	●「台灣優勢」比「台灣優先」重要。 ●不獨不統下的兩岸雙贏。 ●提倡有靈魂的知識經濟。 ●開放社會才能提升競爭力。 ●提升人的品質與生活的優質。 ●培養科技腦、人文心、中華情、世界觀。 ●「學習型台灣」才能歷久不衰。 ●十年冷漠，唯有反冷漠。 ●軟實力比硬實力對台灣更重要。 ●「杜拜經驗」：「願景、開放、執行力」。	●《一流書、一流人、一流社會》（與王力行合編，天下文化，二〇〇二） ●《反冷漠的知識人》（天下文化，二〇〇三） ●《八個觀念改善台灣》（天下文化，二〇〇四）
附注	●蔣經國主政時期（一九六九～一九八八年一月）。 ●李登輝主政時期（一九八八年一月～二〇〇〇年五月）。 ●陳水扁主政時期（二〇〇〇年五月～）。	

國家圖書館出版品預行編目（CIP）資料

我們的V型選擇：另一個台灣是可能的 / 高希均著 --
第一版 . -- 臺北市 : 遠見天下文化 , 2007.07
320 面 ; 20.5×14.8 公分 . -- (社會人文 ; BGB254A)
ISBN 978-986-417-956-5 (平裝)

1. 論叢與雜著

078　　96010969

社會人文 BGB254A

我們的 V 型選擇

另一個台灣是可能的【增訂版】

作者 — 高希均

總編輯 — 吳佩穎
責任編輯 — 曾文娟（特約）、沈維君
封面．美術設計 — 李錦鳳、張議文

出版者 — 遠見天下文化出版股份有限公司
創辦人 — 高希均、王力行
遠見．天下文化 事業群榮譽董事長 — 高希均
遠見．天下文化 事業群董事長 — 王力行
天下文化社長 — 林天來
國際事務開發部兼版權中心總監 — 潘欣
法律顧問 — 理律法律事務所陳長文律師
著作權顧問 — 魏啟翔律師
地址 — 台北市 104 松江路 93 巷 1 號
讀者服務專線 — (02) 2662-0012 ｜傳真 — (02) 2662-0007；(02) 2662-0009
電子郵件信箱 — cwpc@cwgv.com.tw
直接郵撥帳號 — 1326703-6 號　遠見天下文化出版股份有限公司

製版廠 — 東豪印刷事業有限公司
印刷廠 — 中原造像股份有限公司
裝訂廠 — 中原造像股份有限公司
登記證 — 局版台業字第 2517 號
總經銷 — 大和書報圖書股份有限公司｜電話／ (02) 8990-2588
出版日期 — 2007 年 7 月 10 日第一版第 1 次印行
2023 年 12 月 29 日第二版第 1 次印行

定價 — NT 350 元
EAN — 4713510944219
書號 — BGB254A
天下文化官網 — bookzone.cwgv.com.tw

天下文化
BELIEVE IN READING